Kilian Fleischer
Die Papyri Herkulaneums im Digitalen Zeitalter

Hans-Lietzmann-Vorlesungen

Herausgegeben im Auftrag der Berlin-Brandenburgischen Akademie der Wissenschaften von Katharina Bracht und Christoph Markschies

Band 21

berlin-brandenburgische
AKADEMIE DER WISSENSCHAFTEN

Kilian Fleischer

Die Papyri Herkulaneums im Digitalen Zeitalter

—

Neue Texte durch neue Techniken – eine Kurzeinführung

DE GRUYTER

Akademieunternehmen „Die alexandrinische und antiochenische Bibelexegese
in der Spätantike – Griechische Christliche Schriftsteller" der Berlin-Brandenburgischen
Akademie der Wissenschaft

Veröffentlicht mit Unterstützung des ERC Advanced Grant 885222-GreekSchools (European Commission, Horizon 2020)
The Greek philosophical schools according to Europe's earliest 'History of Philosophy':
Towards a new pioneering critical edition of Philodemus' Arrangement of the Philosophers
www.greekschools.eu

ISBN 978-3-11-076623-3
e-ISBN (PDF) 978-3-11-076771-1
e-ISBN (EPUB) 978-3-11-076777-3
ISSN 1861-6011
DOI: https://doi.org/10.1515/9783110767711

Dieses Werk ist lizenziert unter der Creative Commons Attribution-NonCommercial-NoDerivatives 4.0 International Lizenz. Weitere Informationen finden Sie unter
http://creativecommons.org/licenses/by-nc-nd/4.0

Library of Congress Control Number: 2021948031

Bibliografische Information der Deutschen Nationalbibliothek
Die Deutsche Nationalbibliothek verzeichnet diese Publikation in der Deutschen Nationalbibliografie; detaillierte bibliografische Daten sind im Internet
über http://dnb.dnb.de abrufbar.

© 2022 Kilian Fleischer, publiziert von Walter de Gruyter GmbH, Berlin/Boston
Dieses Buch ist als Open-Access-Publikation verfügbar über www.degruyter.com.
Druck und Bindung: CPI books GmbH, Leck

www.degruyter.com

Vorwort

Hans Lietzmann, an den diese Vorlesungsreihe erinnert, stammte aus der Schule des klassischen Philologen und Religionswissenschaftlers Hermann Usener. 1894 wurde er in dessen gemeinsam mit dem Latinisten Franz Bücheler veranstaltetes Hauptseminar aufgenommen, zu dem lediglich zehn Studenten zugelassen waren. Man muss nur einmal Useners seinem Kollegen und Freund Bücheler gewidmete „Epicurea" zur Hand nehmen, die 1887 erstmals im Leipziger Verlag Teubner publiziert wurden, um zu ahnen, auf welch hohem philologischen Niveau dieser verehrte akademische Lehrer Lietzmanns arbeitete und welche Bedeutung neue Textfunde für seine Arbeit hatten. Ein Blick in das Register der „Epicurea" zeigt entsprechend auch, welche Relevanz schon 1887 die Papyrusfunde aus der Bibliothek der Papyrus-Villa von Herculaneum für die Rekonstruktion der Prosopographie und Doxographie Epikurs hatten. Usener druckte natürlich nicht einfach bereits vorliegende Ausgaben ab, sondern bot im Apparat die seit Erscheinen dieser Editionen publizierte Diskussion, Ergebnisse mündlicher Debatten und eigene Ideen zu den bekannt schwierigen Texten. Lietzmann selbst beschreibt, dass der Bonner Gräzist die wenigen Studenten, die in sein Seminar aufgenommen waren, nach Konjekturen fragte, die in der Lage waren, ihn zu überzeugen, und dass die größte Freude dieser Studenten war, eine Konjektur zu nennen, die der Meister schon handschriftlich in sein Exemplar des betreffenden Textes eingetragen hatte.[1] Nach dem Ende des Zweiten Weltkriegs diskutierte die damalige Deutsche und vormals Preußische Akademie der Wissenschaften in ihrer „Kommission für hellenistisch-römische Philosophie" übrigens, ob man nicht eine Neuausgabe der „Epicurea" unternehmen solle, die griechische und lateinische Texte ins Deutsche übersetzt bieten solle, und ihr einen eigenen weiteren Band von Texten aus Herculaneum an die Seite stellen solle. Dieses Projekt ist über Vorarbeiten allerdings nicht hinausgekommen;[2] nach der italienischen Ausgabe von Graziano Arrighetti[3] fragte man sich vermutlich in Berlin auch, ob eine

---

[1] Hans Lietzmann, („Autobiographie"), in: ders., *Kleine Schriften* Bd. 3 Studien zur Liturgie- und Symbolgeschichte, zur Wissenschaftsgeschichte (Texte und Untersuchungen 74; Berlin, 1962), (331–368) 342f. – Leider ist Lietzmanns Exemplar der „Epicurea" mitsamt seiner Bibliothek mutmaßlich in der Verlagerung verschollen.
[2] Vgl. z.B. Epikur, *Brief an Pythokles*, hg. und übers. v. Emilie Boer (Deutsche Akademie der Wissenschaften. Institut für hellenistisch-römische Philosophie Veröffentlichung Nr. 3; Berlin, 1954).
[3] *Epicuro Opere. Introduzione, testo critico, traduzione e note di Graziano Arrighetti* (Classici della filosofia 4; Turin, 1960).

Open Access. © 2022 Kilian Fleischer, publiziert von De Gruyter. Dieses Werk ist lizenziert unter der Creative Commons Attribution-NonCommercial-NoDerivatives 4.0 Lizenz.
https://doi.org/10.1515/9783110767711-001

eigene Publikation neben dieser Edition noch sonderlich sinnvoll wäre. Insofern passt es, wenn auch diese Vorlesung in einer Reihe der Berlin-Brandenburgischen Akademie der Wissenschaften erscheint, die die Nachfolge der genannten Akademien angetreten hat.

Es lag aus doppeltem Grund nahe, Kilian Fleischer aus Würzburg zu einer Lietzmann-Vorlesung nach Jena und Berlin zu bitten: Damit wurde nicht nur an die „Bonner" Dimension im Œuvre Lietzmanns erinnert, religionswissenschaftliche und kirchenhistorische Arbeit immer auf einer philologischen Basis und aufgrund von neuen Textfunden zu betreiben, sondern auch die Bedeutung der Textfunde von Herculaneum und ihrer nach wie vor andauernden Erschließung ins Gedächtnis gerufen. Lietzmann selbst hat immer wieder über Papyri und Handschriften gearbeitet, vor allem über solche, die biblische oder liturgische Texte enthalten. Über die Herculaneum-Funde hat er nicht ausführlich gehandelt, aber es ist auch nicht daran zu zweifeln, dass er ihnen im Bonner Studium bei Usener und Bücheler begegnet ist. Was gäbe man darum, Ausgaben aus seiner verlorenen Bibliothek zu lesen, um die philologische Praxis im Bonner Seminar im Detail nachverfolgen zu können.

Insofern wird hier ein ganz klassischer Band einer Lietzmann-Vorlesung vorgelegt. Allerdings gestaltete sich im Jahr 2020 alles ganz anders als in den vorausgehenden Jahren. Fünfundzwanzig Jahre lang wurde die Hans-Lietzmann-Vorlesung zum ehrenden Gedächtnis des Jenaer und Berliner Kirchenhistorikers Hans Lietzmann in Jena und später auch in Berlin ausgerichtet und in einem festlichen Rahmen dank der Unterstützung des Verlages De Gruyter und der Gertrud und Alexander Böhlig-Stiftung im Stifterverband für die Deutsche Wissenschaft begangen – diesem Berliner Verlag stand Lietzmann besonders nahe und Alexander Böhlig darf als Schüler Lietzmanns angesprochen werden. In der Jenaer-Berliner Kooperation der Ausrichter der Hans-Lietzmann-Vorlesungen, der Friedrich-Schiller-Universität Jena und der Berlin-Brandenburgischen Akademie der Wissenschaften zusammen mit der Humboldt-Universität zu Berlin, bildet sich gleichsam der Lebensweg des damit alljährlich geehrten Namensgebers ab: Hans Lietzmann (1875–1942) wirkte seit 1905 als Professor für Kirchengeschichte an der Universität Jena, bevor er im Jahr 1923 an die damalige Friedrich-Wilhelms-Universität, die heutige Humboldt-Universität zu Berlin, berufen wurde, um dort die Nachfolge Adolf von Harnacks anzutreten. Alle Vortragenden folgten seit dem Jahr 2000 (der sechsten Vorlesung der Reihe) bisher den von Hans Lietzmann beschrittenen Pfaden, indem sie ihren Vortrag an einem Abend im Spätherbst in Jena und am unmittelbar darauffolgenden Abend in Berlin hielten.

Im Jahr 2020, dem Jahr, in dem Kilian Fleischer die mit diesem Buch vorgelegte Hans-Lietzmann-Vorlesung hielt, war das anders. Was heute noch allgemein bekannt ist, verdient zur Erinnerung festgehalten zu werden – denn im Briefwechsel Lietzmanns, den zu weiten Teilen sein Schüler Kurt Aland herausgegeben hat, findet sich in den Jahren 1918/1919 zwar manche Klage über den in Lietzmanns Augen schrecklichen und allzu radikalen Systemwechsel vom Kaiserreich zur Republik[4], aber kein Wort zur Spanischen Grippe, die in dieser Zeit Millionen Opfer forderte. Möglicherweise nahm der seit Februar 1919 mit einer Krankenschwester verheiratete Lietzmann die Pandemie leichter als Kollegen, die über keinerlei engere Kontakte zur Medizin verfügten. Würde man nur diesen Briefwechsel lesen, dann entstünde vielleicht ein ganz falscher Eindruck von der Gefährlichkeit der Pandemie. 2020 war es aufgrund der COVID-19-bedingten Einschränkungen nicht ratsam und auch gar nicht erlaubt, an den Universitäten Lehr- und Vortragsveranstaltungen in Präsenz anzubieten. Deshalb entschieden die Jenaer und Berliner Ausrichtenden sich für eine gemeinsame Veranstaltung im digitalen Format, die aus dem Einstein-Saal der Berlin-Brandenburgischen Akademie der Wissenschaften gesendet wurde. So konnten zugleich auch die Chancen genutzt werden, die die neue Situation bot, und aus den Corona-Beschränkungen wurde ein Stück weit eine Bereicherung: Mittels des Programms Zoom konnten zahlreiche Menschen aus nahezu der gesamten οἰκουμένη an der Vorlesung, der Diskussion und einer anschließenden Buchpräsentation teilnehmen. Die sonstigen Begegnungen beim Empfang im Anschluss freilich fehlten.

Obwohl 2020 pandemiebedingt Vieles anders war, gab es doch Kontinuitäten: Die Vortragenden der Lietzmann-Vorlesungen der letzten Jahrzehnte folgen in einer weiteren Hinsicht den von Hans Lietzmann beschrittenen Wegen, indem sie seine Forschungsgebiete wie auch seinen interdisziplinären Zugriff widerspiegeln: So wie Lietzmann persönlich die Erforschung der antiken Kirchengeschichte mit neutestamentlicher Wissenschaft, klassischer Philologie und Archäologie verband, so kommen auch die Vortragenden gewöhnlich aus mindestens einer dieser Disziplinen. Kilian Fleischer, der (digital nach Berlin zugeschaltete) Referent des Jahres 2020, studierte allerdings nicht nur Latein, Griechisch und Betriebswirtschaftslehre, er arbeitet zudem auch philologisch und archäologisch. Aufgewachsen ist er in Fulda, hat in Würzburg und Oxford studiert (dort vor allem Papyrologie) und unter Anleitung von Michael Erler mit seiner Dissertation die Edition eines bedeutsamen Werkes eines antiken christlichen Bischofs

---

4 *Glanz und Niedergang der deutschen Universität. 50 Jahre deutscher Wissenschaftsgeschichte in Briefen an und von Hans Lietzmann (1892–1942)*, mit einer einführenden Darstellung hg. v. Kurt Aland (Berlin, 1979) 398–423.

vorgelegt, das in der Theologie freilich oft übersehen wird.[5] Frisch erschienen ist eine meisterliche Edition der Chronik des Grammatikers Apollodorus von Athen[6] und nun warten alle auf die Neuedition des vielleicht spannendsten Textes aus Herculaneum, des *Index Academicorum* von Philodem. Eine staunenswerte Anzahl von Aufsätzen weist die Homepage des an der Universität Würzburg tätigen Vortragenden nach.[7]

Die Veröffentlichung, die wir in dankbarer Erinnerung in unserer Reihe publizieren, ist mehr als die reine Dokumentation einer Vorlesung. Sie ist eine kleine Einleitung in die Bibliothek von Herculaneum, die Geschichte ihres Fundes im Kontext der Villa dei Papiri und ihrer Erforschung, ihres Inhalts sowie der neuen Möglichkeiten ihrer Erschließung im digitalen Zeitalter. Auch ein Vorausblick auf die Edition der Philosophiegeschichte des Philodem wird mit interessanten textlichen Neuentdeckungen geworfen. Wer je in der Officina der Nationalbibliothek im einstigen Königspalast in Neapel gesessen hat und sich in die karbonisierten Überreste dieser Papyri vertieft hat, die aus Stahlschränken gebracht werden, und die verschiedenen Formen der Dokumentation aus den letzten zweihundert Jahren zu Hilfe genommen hat, um etwas zu entziffern, ahnt, dass hier gut lesbar beschrieben wird, was sehr schwierig ist. Die Papyri von Herculaneum sind kein Gegenstand einer Übung für die, die mit der Papyrologie beginnen wollen. Wer aber umgekehrt je das Vergnügen hatte, in geduldiger Interpretation und Diskussion den Text einer Edition aus diesem Material bessern zu können, weiß, welche tiefe Faszination die Arbeit an diesen Texten auszulösen vermag.[8] Kilian Fleischer ist herzlich zu danken dafür, dass er die Zuhörenden in Berlin und am Schirm, aber auch die Lesenden an der Herausforderung wie am Vergnügen teilhaben lässt.

Ein herzlicher Dank geht nicht nur von Katharina Bracht an ihre Jenaer wissenschaftliche Mitarbeiterin Maja Menzel, die das Manuskript für den Druck vorbereitete, und nicht nur von Christoph Markschies an die Vorbereitenden in Berlin, Annette von Stockhausen und Doris Fleischer. Diesem Dank schließen sich vermutlich alle an, die in der einen oder anderen Weise davon profitieren, was

---

5 Dionysios von Alexandria, *De natura* (περὶ φύσεως). Übersetzung, Kommentar und Würdigung. Mit einer Einleitung zur Geschichte des Epikureismus in Alexandria (Turnhout, 2016).
6 Kilian Fleischer, *The Original Verses of Apollodorus' Chronica. Edition, Translation and Commentary on the First Iambic Didactic Poem in the Light of New Evidence* (Sozomena 19; Berlin/Boston, 2020).
7 Letzter Zugriff am 31.10.2021.
8 Christoph Markschies arbeitet mit Kollegen an einem der Texte des Fundes, der (einschließlich seines verlorenen Titels samt Autorenangabe) viele Rätsel aufgibt. Doch davon ist hier nicht weiter zu handeln.

Kilian Fleischer zu sagen hat. Am Ende dem Verlag und insbesondere Albrecht Döhnert zu danken, ist kein reines Schlussritual dieser Vorbemerkungen, sondern das reine Vergnügen!

Berlin und Jena, im Oktober 2021   Katharina Bracht und Christoph Markschies

Inhalt

Vorwort —— V

1 Die Herkulanischen Papyri und neue Techniken – eine Kurzeinführung —— 1

2 Der Vesuvausbruch, die Karbonisation der Papyri und der Verlust antiker Literatur —— 5

3 Die Wiederentdeckung Herkulaneums, der Villa und der Papyrusrollen —— 11

4 Das Öffnen der gefundenen Rollen – Bewahrung und Zerstörung —— 19

5 Die Bibliothek Philodems: Inhalt und Bedeutung für die Klassische Philologie —— 23

6 Das Lesen und Abzeichnen der Papyri – *Cornici*, Löcher, Lagen, Hügel und *Disegni* —— 33

7 Publikation der Abzeichnungen, Kritische Textausgaben und *Officina dei papiri* —— 38

8 Die drei großen Meta-Fragen der Herkulanischen Papyrologie —— 46

9 Zur ersten Meta-Frage: Künftige Grabungen in der Villa und neue Papyri —— 47

10 Zur zweiten Meta-Frage: MSI, RTI und HSI – die erste Revolution —— 52

11 Zur dritten Meta-Frage: *Virtual unrolling* – die zweite Revolution in spe —— 62

12 Wieviel Text enthalten die noch geschlossenen Rollen? Ein Quantifizierungsversuch —— 72

13 Neue editorische Ansätze und digitale tools – die philologische Revolution —— 80

14 Fallstudie I: Der Herkulanische Papyrologe bei der Arbeit —— 97

15 Fallstudie II: Beispiel einer Neurekonstruktion im *Index Academicorum* —— 105

16 Rückblick und Ausblick – Die Zukunft der Herkulanischen Papyrologie —— 122

Abbildungen —— 125

Bibliographie —— 128

1 Die Herkulanischen Papyri und neue Techniken – eine Kurzeinführung

Am Vesuv wurden im 18. Jahrhundert etwa tausend antike Buchrollen gefunden. Ihre Lektüre ist ein formidables Puzzle. Doch moderne Methoden entlocken ihnen immer mehr.

Frankfurter Allgemeine Sonntagszeitung (2021)[1]

Die Papyri von Herkulaneum repräsentieren die einzig erhaltene Bibliothek der Antike. Durch den Ausbruch des Vesuvs wurden wie in einer Zeitkapsel hunderte Papyrusrollen karbonisiert und konserviert.[2] Ihr Inhalt ist für die Altertumswissenschaften, Philosophie, aber auch Theologie von außerordentlichem Wert. Die bis heute fortdauernde Entrollung, Entzifferung, Edition und Einordnung dieser Papyri darf wohl als eines der faszinierendsten und auch anspruchsvollsten Kapitel der Klassischen Philologie gelten. Der junge Friedrich Nietzsche vermerkte einst:[3] *Quanta diligentia, quanta sedulitate volumina Herculanensia in lucem proferantur, nimis est notum quam meis indigeat laudibus.* Die Sorgfalt und der Eifer sind bis heute ungebrochen, wenngleich die Papyri in der wissenschaftlichen Wahrnehmung nicht mehr allenthalben so präsent sind wie zu Nietzsches Zeiten. Die meisten Rollen beinhalten griechische Werke epikureisch-philosophischen Charakters, aber auch einige stoische und lateinische Schriften sind zu verzeichnen. Ein Großteil der bisher gefundenen Buchrollen gehörte zur Bibliothek des Epikureers Philodem von Gadara, welcher mit Vergil und anderen augusteischen Dichtern in freundschaftlichem Austausch stand, nicht zuletzt Cicero bekannt war und die Patronage von Cäsars Schwiegervater Piso genoss.[4]

Vielfach wird heute in der Gelehrtenwelt stillschweigend davon ausgegangen, dass die Papyri über 250 Jahre nach ihrer Entdeckung im Jahre 1752 mehr oder weniger erschöpfend erschlossen sind und die Texte nur noch in unbedeutenden Details verbessert werden können. Diese Auffassung ist nichts weniger

---

1 Ulf von Rauchhaupt, „Verkohlte Wörter," *Frankfurter Allgemeine Sonntagszeitung* (7.2.2021): (54–55) 54.
2 Die inventarisierten Stücke der Herkulanischen Sammlung stammen von etwa 650 bis 1100 Rollen, vgl. Mario Capasso, *Volumen. Aspetti della tipologia del rotolo librario antico* (Neapel, 1995), 82 und Sergio Carrelli, „Un nuovo punto di vista sulla consistenza della collezione dei papiri ercolanesi," *CErc* 15 (2016): (127–136).
3 Friedrich Nietzsche, *Werke und Briefe* (Band 4: Schriften der Studenten-und Militärzeit 1866–1868) (hg. von Hans Joachim Mette und Karl Schlechta; München, 1937), 492.
4 Testimonien-Sammlung zu Philodem bei David Sider, *The Epigrams of Philodemos* (Oxford, 1997), 227–234 (noch ohne die Passagen am Ende des *Index Academicorum*).

als ein kompletter Trugschluss. Einerseits wurden einige bereits aufgerollte Papyri noch niemals ediert und viele Papyri liegen nur in so defizitären Ausgaben vor, dass Neueditionen – anders als bei durch mittelalterlich-byzantinische Handschriften auf uns gekommenen Texten – oftmals einen dramatisch veränderten Text mit zahlreichen Neuinformationen bieten. Andererseits harren heute noch hunderte (!) ungeöffnete Papyrusrollen in der *Biblioteca Nazionale di Napoli* ihrer Aufwicklung und eine weitaus höhere Zahl könnte noch unter Vulkangestein in der Villa dei papiri in Herkulaneum begraben liegen, welche in großen Teilen unerschlossen ist. Die Gründe für das erhebliche Verbesserungspotential früherer Ausgaben sind vielschichtig, insbesondere sind die verkohlten Papyri aus Herkulaneum mit ihrer kohlebasierten Tinte an vielen Stellen sehr schwirig zu lesen. Die Schwarzschattierungen und Brechungen des natürlichen Lichtes gaukeln dem Leser – also früheren Abzeichnern der Papyri und auch heutigen Gelehrten – bisweilen Buchstaben oder Tintenreste vor, die im nächsten Moment wie eine Fata Morgana wieder entschwinden oder sich zu anderen Buchstaben ändern. Häufig ist es unmöglich, etwas zu erkennen oder die Tinte mit Sicherheit vom Hintergrund zu unterscheiden.

In den letzten Jahren hat die Anwendung innovativer Techniken und neuer philologischer Editionsverfahren die Forschung an den Herkulanischen Papyri geradezu revolutioniert und ungeahnte Perspektiven eröffnet. Es sind prinzipiell zwei Arten von Techniken oder Ansätzen zu unterscheiden: Zum einen wurden und werden bereits entrollte Papyri durch neue Bildgebungsverfahren besser lesbar gemacht, was auch bedeutet, dass auf den Bildern Buchstaben oder Tintenreste zu sehen sind, die für das menschliche Auge (am Original) unsichtbar sind. Zum anderen sind seit geraumer Zeit Bemühungen mit immer vielversprechenderen Zwischenergebnissen im Gange, welche zum Ziel haben, die bisher ungeöffneten Rollen zu „durchröntgen" und virtuell aufzuwickeln – ohne sie physikalisch entrollen zu müssen. Sollte dieses *virtual unrolling* in den nächsten Jahren gelingen und ausgereift sein, könnten mehr oder weniger „über Nacht" hunderte bisher unbekannte, relativ frühe antike Texte zum Vorschein kommen, die wohl über epikureische Spezialität hinaus der Klassischen Philologie und anderen Disziplinen wertvolle Impulse geben würden.

Abb. 1: Drei karbonisierte, ungeöffnete Rollen(teile) aus Herkulaneum

Abb. 2: Fresko aus Pompeji („Sappho")

In diesem Büchlein, welches auch als erste deutsche Kurzeinführung in die Herkulanische Papyrologie dienen soll, werden die jüngsten technischen und philologisch-editorischen Entwicklungen sowie neueste Bildgebungsverfahren vorgestellt, die gegenwärtig an den Papyri erprobt werden. Darüber hinaus wird die mit dem Fund der Papyri und Herkulaneum verbundene Kulturgeschichte und Philologie-Geschichte kurz umrissen sowie das textuelle Potential schon aufgerollter und noch unaufgerollter Papyri herausgearbeitet. Ferner wird ein kurzer Einblick in die eigentliche philologische Puzzlearbeit eines Herkulanischen Papyrologen gewährt. Ein unter vielerlei Aspekten sehr bemerkenswerter Papyrus der Herkulanischen Sammlung, Philodems „Geschichte der Akademie" (*Index Academicorum*) erfährt eine etwas eingehendere Besprechung und fungiert als Exempel und Bezugspunkt für den Nutzen neuer Techniken und philologischer Methoden – ein Papyrus, der in den letzen Jahren unverhofft viele neue Informationen preisgab. Der Leser möge diese Kurzeinführung als „Protreptikos" für das Studium der Herkulanischen Papyri betrachten und bei gewecktem Interesse ausführlichere Einführungen, Überblicke und Einzelabhandlungen zu den Papyri, der Villa und Herkulaneum konsultieren.[5]

---

[5] Insbesondere sind zu nennen: Mario Capasso, *Manuale di Papirologia Ercolanese* (Galatina, 1991); Michael Erler, *Epikur – Die Schule Epikurs – Lukrez*, in *Grundriss der Geschichte der Philosophie. Die Philosophie der Antike, 4. Die hellenistische Philosophie* (begründet von Friedrich Ueberweg, völlig neu bearbeitete Ausgabe, hg. von Hellmut Flashar; Basel, 1994); David Sider,

Die (Herkulanischen) Papyrologen können mit einigem Recht als die „Archäologen der Klassischen Philologie" bezeichnet werden: Sie graben durch philologisch-kombinatorische Arbeit, sehr eng am physischen Schriftträger, verschüttete Texte hervor und versorgen so die Altertumswissenschaften mit frischem literarischem Rohstoff. Die Editionsarbeit der Papyrologen ähnelt der Arbeit von Goldgräbern, welche durch noch näher zu erläuternde Begebenheiten zwar mühselig, zeitraubend, erschöpfend, ja mitunter gefährlich ist, aber deren Ertrag – nämlich die Wiederentdeckung und Wiedererschließung längst verloren geglaubter Literatur – mit Gold kaum aufzuwiegen ist.

Diese Monographie stellt die ausgearbeitete Fassung der Hans-Lietzmann-Vorlesung 2020 dar, welche ich unter dem Titel „Platons Akademie und die Papyri Herkulaneums: Neue Texte durch neue Techniken" unter den Widrigkeiten der Pandemie in Berlin/Jena (virtuell) halten durfte. Den Organisatoren und Ausrichtern Christoph Markschies und Katharina Bracht sei herzlichst für die Einladung und ihr Wohlwollen gegenüber der Forschung an den Papyri aus Herkulaneum – das Qumran der Klassischen Philologie – gedankt, welches gewiss im interdisziplinären Geiste Hans Lietzmanns gewesen wäre.[6]

The Library of the Villa dei Papiri at Herculaneum (Oxford, 2005); Daniel Delattre, *La villa des papyrus et les rouleaux d'Herculanum, la bibliothèque de Philodème* (Liège, 2006); Mantha Zarmakoupi (Hg.), *The Villa of the Papyri at Herculaneum* (Berlin, 2010); Richard Janko, „How to Read and Reconstruct a Herculaneum Papyrus," in *Ars Edendi Lecture Series, vol. IV* (hg. von Barbara Crostini/Gunilla Iversen/Brian Jensen; Toronto, 2016), (117–161); David Blank, „Philodemus", in *Stanford Encyclopedia of Philosophy* (hg. von Edward Zalta; online, 2019); Kenneth Lapatin (Hg.), *Buried by Vesuvius. The Villa dei Papiri at Herculaneum* (Los Angeles, 2019); Francesca Longo Auricchio/Giovanni Indelli/Giuliana Leone/Gianluca Del Mastro, *La Villa dei Papiri* (Rom, 2020).

6 Die Vorlesung war eine Veranstaltung des Akademienvorhabens (BBAW) „Die alexandrinische und antiochenische Bibelexegese in der Spätantike" im Zentrum Grundlagenforschung Alte Welt, der Theologischen Fakultät der Humboldt-Universität zu Berlin sowie der Professur für Kirchengeschichte und dem Institut für Altertumswissenschaften der Friedrich-Schiller-Universität Jena. Ferner sei Annette von Stockhausen und Doris Fleischer für die organisatorische Begleitung gedankt. Graziano Ranocchia und Holger Essler haben bei der Erstellung des Buches wertvolle inhaltliche Vorschläge gemacht, für die ich dankbar bin.

2 Der Vesuvausbruch, die Karbonisation der Papyri und der Verlust antiker Literatur

Hic est pampineis viridis modo Vesbius umbris,/ ... /hic locus Herculeo nomine clarus erat. / Cuncta iacent flammis et tristi mersa favilla:/ nec superi vellent hoc licuisse sibi.
Martial, *Epigramme* 4,44 (88 n. Chr.)

2.1 Die *Historien* des Tacitus als Garant für die Unsterblichkeit von Plinius dem Älteren

Gaius Plinius Caecilius Secundus, auch bekannt als Plinius der Jüngere, schrieb zwei Briefe an seinen Freund Cornelius Tacitus, den bekannten Historiker, über die dramatischen Geschehnisse im Jahre 79, als der Vesuv ausbrach und mehrere Städte am Golf von Neapel für Jahrhunderte unter einer meterhohen Asche- und Geröllschicht begrub. Unter ihnen war auch die schmucke Kleinstadt Herkulaneum (Plin. ep. 6,16 und 6,20). Während im ersten Brief (6,16) der Fokus ganz auf dem Onkel, Plinius dem Älteren, dessen heldenhafter Rettungsaktion und kühnem Forschergeist sowie auf den genauen Begleitumständen des Ausbruchs liegt, ist der zweite Brief (6,20) eine etwas persönlichere Fortsetzung über die Erlebnisse des Verfassers, eine Zugabe, die Plinius der Jüngere am Ende von ep. 6,16 mit seinen Bemerkungen geradezu evoziert.[7] Beide Briefe zählen zu den bekanntesten und eindrucksvollsten Augenzeugenberichten der Antike. Der Beginn des ersten Briefes (6,16) erfährt durch die spätere Überlieferungsgeschichte eine besondere Pointe.

---

7 Plinius, *epistula* 6,16,21–22 (OCT-Mynors): *Interim Miseni ego et mater – sed nihil ad historiam, nec tu aliud quam de exitu eius scire voluisti. Finem ergo faciam.* (22) *Unum adiciam, omnia me quibus interfueram quaeque statim, cum maxime vera memorantur, audieram, persecutum. Tu potissima excerpes; aliud est enim epistulam aliud historiam, aliud amico aliud omnibus scribere. Vale.* Die beiden Briefe werden gemeinhin etwa 25 Jahre nach den Ereignissen, im Verhältnis zu anderen Briefen des 6. Buches, um 105 und somit mehr oder weniger gleichzeitig mit der Herausgabe des 6. Buches datiert, mögen aber schon etwas früher geschrieben worden sein. Zur Diskussion siehe etwa den Überblick bei Michael Sage, Tacitus' Historical Works: A Survey and Appraisal (ANRW 33,2, Berlin/New York, 1990): (851–1030), 859–860. Aus der überbordenden Literatur zu diesem Brief seien exemplarisch Eckard Lefèvre, „Plinius-Studien VI. Der große und der kleine Plinius. Die Vesuv-Briefe (6,16; 6,20)," *Gymnasium* 103 (1996): (93–215) und Jan Beck, „petis, ut tibi ... scribam ... (Plinius epist. 6,16 und 20)," *Göttinger Forum für Altertumswissenschaft* 16 (2013): (1–28) herausgegriffen.

Open Access. © 2022 Kilian Fleischer, publiziert von De Gruyter. Dieses Werk ist lizenziert unter der Creative Commons Attribution-NonCommercial-NoDerivatives 4.0 Lizenz.
https://doi.org/10.1515/9783110767711-003

C. Plinius Tacito suo s. d.
(1) Petis ut tibi avunculi mei exitum scribam, quo uerius tradere posteris possis. Gratias ago; nam video morti eius si celebretur a te immortalem gloriam esse propositam. (2) Quamvis enim pulcherrimarum clade terrarum, ut populi ut urbes memorabili casu, quasi semper victurus occiderit, quamuis ipse plurima opera et mansura condiderit, multum tamen perpetuitati eius scriptorum tuorum aeternitas addet. (3) Equidem beatos puto, quibus deorum munere datum est aut facere scribenda aut scribere legenda, beatissimos uero quibus utrumque. Horum in numero avunculus meus et suis libris et tuis erit. Quo libentius suscipio, deposco etiam quod iniungis. (4) Erat Miseni classemque imperio praesens regebat. Nonum kal. Septembres hora fere septima mater mea indicat ei ....[8]

„Du bittest mich, dir über den Tod meines Onkels zu schreiben, damit du es möglichst wahrheitsgetreu der Nachwelt überliefern kannst. Ich danke dir, da ich sehe, dass seinem Tod unsterblicher Ruhm in Aussicht gestellt ist, wenn er von dir behandelt wird. Obgleich er bei dem Untergang der wunderschönsten Landschaft, wie Völker und Städte bei einem denkwürdigen Fall, getötet gleichsam für immer fortleben wird und obgleich er selbst viele Werke von bleibendem Wert verfasst hat, wird die Unvergänglichkeit deiner Schriften noch mehr zu seinem Fortleben beitragen. Freilich halte ich diejenigen für glücklich, denen es durch die Gabe der Götter vergönnt ist entweder der Niederschrift Wertes zu tun oder Lesenswertes zu schreiben, am glücklichsten aber diese, denen beides gegeben ist. Zu dieser Schar wird mein Onkel durch seine und deine Bücher zu rechnen sein. Umso lieber gehe ich die Sache an, ja erbitte sogar, was du mir auferlegt hast. Er war in Misenum und hatte dort persönlich das Kommando über die Flotte. Am 24. August um die siebte Stunde machte ihn meine Mutter darauf aufmerksam, dass ...".[9]

Abb. 3: Plinius der Jüngere „unbeeindruckt" beim Ausbruch des Vesuvs

Abb. 4: Bild eines neuzeitlichen Vesuvausbruchs

---

8 Für alternative Datumsangaben in einigen Plinius-Manuskripten siehe Dora Johnson, „The manuscripts of Pliny's Letters," *CP* 7 (1912): (66–75) (In der OCT-Ausgabe von Roger Mynors, *C. Plini Caecili Secundi epistularum libri decem* [Oxford, 1963] sind keine alternativen Daten im Apparat vermerkt).
9 Eigene Übersetzung.

2.2 Das genaue Datum des Vesuvausbruchs

In fast allen Publikationen zum Vesuvausbruch konnte man noch kürzlich das Datum 24. August 79 n. Chr. lesen, welches in der handschriftlichen Überlieferung dominierte und als wahrscheinlichster Tag für den Ausbruch galt. Jedoch sprachen schon lange einige Indizien gegen dieses Sommerdatum, welche nicht unbedingt von geringem Gewicht waren. So wurden bei den Ausgrabungen etwa Herbstfrüchte gefunden, Weinreste und Garum-Reste, welche im Sommer noch nicht zu erwarten sind. Auch die Verteilung der Ascheschichten impliziert eine Windrichtung während des Ausbruchs, die eher im Herbst zu erwarten wäre.[10] Im Jahre 2018 fand man in Pompeji ein Kohlegraffiti, das wohl im Zuge von Renovierungsarbeiten auf eine Wand gemalt wurde und von den Hausbesitzern kaum lange geduldet worden wäre. Auf dem Graffiti liest man: *XVI (ante) K(alendas) Nov(embres) in[d]ulsit pro masumis esurit[ioni]*. Zweifelsohne wird auf den 17. Oktober Bezug genommen. Das Graffiti ist kein letztgültiger Beweis für eine Herbstdatierung, da es nicht völlig unmöglich ist, dass es doch länger als ein Jahr auf der Wand überdauerte, aber verbunden mit den anderen archäologischen Hinweisen ein weiteres starkes Argument für eine Herbstdatierung. Schon der mit den Herkulanischen Papyri verbundene Bischof und Philologe Carlo Maria Rosini nahm vor über 200 Jahren eine Korruption der Datumsangabe an und emendierte Septembres zu Decembres (= 23. November), eine Angabe, die auch eher mit der groben Herbstdatierung des Cassius Dio im Einklang ist.[11] Dieses Datum (oder auch der 23. Oktober) scheint nach der Entdeckung von 2018 tatsächlich dem Sommerdatum im August vorzuziehen zu sein.[12] Hier wird deutlich, wie philologische Arbeit von bioarchäologischen und epigraphischen Erkenntnissen profitieren kann und selbst so populäre Daten wie dasjenige des Ausbruchs durch neue Funde plötzlich zur Debatte stehen.

---

10 Eine skeptische Einstellung zum Augustdatum etwa bei Mario Capasso, „La biblioteca di Ercolano: cronologia, formazione, diffusione," *PapLup* 26 (2017): (41–68), 44, welcher die wesentlichen Argumente und Fakten zusammenfasst.
11 Cass. Dio 66,21–24 (LCL 8, 302–310 Cary).
12 Vgl. Umberto Pappalardo, „Sulla data dell'eruzione del Vesuvio del 79 d.C. Una sintesi," CErc 49 (2019): (225–228), der aber für den 23. Oktober zu plädieren scheint. Carlo Maria Rosini, *Dissertationis isagogicae ad Herculanensium voluminum explanationem pars prima* (Neapel, 1797), 67–68.

2.3 Der Pliniusbrief als Garant für die Unsterblichkeit von Plinius dem Älteren

Die Passage 6,16,2–3 hat auch eine bisher wenig beachtete Implikation im Hinblick auf die einmaligen Erhaltungsumstände der Herkulanischen Papyri und die Überlieferung antiker Literatur im Allgemeinen. Plinius der Jüngere scheint auch mit der ungeheuren Naturkatastrophe des Jahres 79 vor Augen nicht zu fürchten, dass großer Literatur und somit auch den Werken von Plinius dem Älteren oder Tacitus jemals das Schicksal des Verlusts beschieden sein könnte. Vulkane mögen ganze Städte verschlingen, aber der Geist der Menschen, der sich im zur Literatur erhobenen geschriebenen Wort manifestiert, überdauert in der Vorstellung des Plinius die Zeiten und trotzt jedem Feuer und Vulkan: *morti eius si celebretur a te immortalem gloriam esse propositam … tuorum scriptorum aeternitas.* Es ist nun eine beinahe böse Ironie des Schicksals, dass sich Tacitus' *Historien* als nicht so unvergänglich erwiesen haben wie von Plinius prophezeit. Große Teile des Werkes gingen verloren, darunter auch das Buch mit der Schilderung des Vesuvausbruchs, welches dem Onkel ewigen Ruhm sichern sollte.[13] Der Ausbruch und auch die Taten des Onkels dürften in den *Historien* einen gebührenden Platz eingenommen haben, wenn Tacitus bereits in seiner Vorschau etwas kryptisch auch den Vesuvausbruch anspricht (Tac. Hist. 1,1,2): *iam vero Italia novis cladibus vel post longam saeculorum seriem repetitis adflicta. haustae aut obrutae urbes, fecundissima Campaniae ora.* Der Bericht des Tacitus ist also den unbändigen Launen der Zeiten anheimgefallen, während der Brief des Plinius die Zeiten überdauert hat. Dieser mehr oder weniger ephemere Brief – und nicht die „ewigen" *Historien* – war es schlussendlich, der zum bleibenden Ruhm von Plinius' Onkel (*perpetuitati eius*) beigetragen hat: *Habent sua fata libelli (et epistulae).*

2.4 Der Verlust antiker Literatur und die Papyri Herkulaneums

Die verlorenen Abschnitte aus den *Historien* sind bekanntermaßen kein bedauerlicher Einzelfall, sondern leider repräsentativ für die Überlieferungslage: Gemeinhin schätzt man, dass über 99% der antiken Literatur verlorenging, wobei

---

13 Bekanntlich sind von den 14 Büchern der *Historien* (die Zahl wird aus Hierony. *Zach.* 3, 14 (Migne 25, 1522) gefolgert und ist nicht völlig sicher) nur die ersten vier Bücher zum Vierkaiserjahr 68/69 und der Beginn des 5. Buches mit der Belagerung Jerusalems durch Titus im Jahre 70 erhalten.

der absolute und auch relative Verlust griechischer Literatur den lateinischer Literatur deutlich übertrifft. Die Kodices oder Buchrollen wurden ab einem gewissen Zeitpunkt nicht mehr kopiert[14] und vermoderten schließlich auf dem Müll – die antiken Müllhalden von Oxyrhynchus mit ihren tausenden Fetzen dokumentarischer und literarischer Papyri sind hierfür ein eindrückliches Beispiel (wenngleich das Klima in diesem Fall das Vermodern bedingt verhindert hat).[15] In vergleichsweise selteneren Fällen wurde Literatur auch bewusst vernichtet oder fiel kriegerischen Handlungen zum Opfer.[16] Es steht außer Frage, dass darunter auch viel qualitativ Minderwertiges war und eine gewisse Qualitätsauslese durch die spätantike/mittelalterliche Überlieferung nicht von der Hand zu weisen ist, aber es ist eben nicht generalisierend wie in der Biologie ein „surviving of the fittest" zu konstatieren. Manches Werk, das es vielleicht zu einem „Klassiker" geschafft hätte oder doch wenigstens weiter gelesen zu werden verdient hätte, ging durch die Ungunst des Schicksals unverschuldet verloren. Sind wir nicht neugierig zu erfahren, wie Tacitus den Bericht des Plinius zum Vesuvausbruch umgestaltet hat? Besäßen wir nicht gerne Ciceros verlorene Schrift *Hortensius* in Gänze, welche dem Leben und Denken des Heiligen Augustinus eine so entscheidende Wende gab?[17] Was ist mit den Liebesgedichten Sapphos, an deren Anmut und tiefem Empfinden wir uns dank des ägyptischen Wüstensands immerhin wieder etwas mehr erfreuen können? Sind die vielen

---

14 Viele Werke gingen beim Wechsel des Mediums von Rolle auf Kodex verloren (wurden nicht mehr kopiert), ein Wechsel der maßgeblich zwischen dem 3. und 4. Jh. n. Chr. stattfand, wo sich das Verhältnis von gefundenen Papyrusrollen und Codices schlagartig ändert, vgl. Adam Bülow-Jacobsen, „Writing Materials in the Ancient World," in *The Oxford Handbook of Papyrology* (hg. von Roger Bagnall; Oxford, 2009): (3–29), 25.
15 Für eine profunde Einführung zu Oxyrhynchus und seinen Papyri siehe Alan Bowman/Revil Coles/Nikolaos Gonis/Dirk Obbink/Peter Parsons (Hgg.), *Oxyrhynchus. A City and its Texts* (London, 2007).
16 Neben dem bereits angesprochenen Wechsel des Mediums sind die Wirren der Reichkrise ab dem 3. Jh. und damit einhergehend eine wirtschaftliche Krise (Bücher waren relativ teuer) sowie kriegerische Auseinandersetzungen als Gründe zu nennen. Ferner verschoben sich mit dem aufkommenden Christentum auch die Vorlieben – für vieles wurde sich schlichtweg nicht mehr interessiert. Der Untergang des Römischen Reiches und die Völkerwanderung trugen später nochmals entscheidend zur Dezimierung des Literaturbestandes bei. Zuletzt gingen auch noch im Mittelalter bzw. in byzantinischer Zeit zahlreiche Werke verloren. Für einen Überblick zur Überlieferung der antiken Literatur in all ihren Facetten maßgeblich Leighton Reynolds und Nigel Wilson, *Scribes and scholars* (Oxford, 2013[4]).
17 Vgl. Aug. conf. 3,4 und 8,7 (CSEL 33, 1, 48 und 184 Knöll). Für die Fragmente des Werkes siehe Alberto Grilli, Hortensius (Mailand, 1962) sowie (mit Einordnung und Übersetzung) Laila Straume-Zimmermann/Ferdinand Broemser/Olof Gigon, *Marcus Tullius Cicero: Hortensius, Lucullus, Academici libri* (Düsseldorf, 1997), besonders 327–370.

verlorenen lateinischen und griechischen Geschichtswerke überhaupt aufzählbar? Was ist etwa mit dem zweiten Buch der *Poetik* des Aristoteles, dessen bedauerlicher Verlust durch Umberto Ecos „Der Name der Rose" einem breiteren Publikum ins Bewusstsein gerückt wurde? Liegt wie in diesem Roman vielleicht tatsächlich noch irgendwo eine größere Bibliothek mit schon für immer verloren geglaubten Werken von Weltgeltung verborgen, welche uns einzigartige Einsichten in antikes Denken und Dichten eröffnet?

Dieser beinahe etwas kindlich-romantische Traum von einer vergessenen Bibliothek mit unbekannten antiken Texten ist durch die Bibliothek der Villa dei papiri teilweise Realität geworden. Die physikalischen Begebenheiten während des Vulkanausbruchs im Jahre 79 bewirkten, dass „wider Sternenlauf und Schicksal"[18] zig hunderte von Papyrusrollen in dieser Luxusvilla Herkulaneums nicht verbrannten, sondern „karbonisiert" über beinahe 1700 Jahre hinweg im Boden versiegelt wurden – unter einer meterhohen erstarrten Schicht von Vulkanauswürfen, welche das organische Material vor Fäulnis durch Wasser schützte.[19] Man muss sich immer wieder vor Augen führen, dass dieser Prozess der Karbonisation und die Erhaltung an ein Wunder grenzen. In Pompeji wurden keine lesbaren Schriftrollen gefunden – nur in Herkulaneum, ja womöglich nur im Bereich der Villa, waren die Temperaturen und Umstände des ersten pyroklastischen „surge", dem noch 5 weitere „surges" und im Wechsel sechs „Flows" folgen sollten, so ideal, dass das organische Material der Papyrusrollen konserviert wurde.[20]

---

18 Für das Zitat aus dem *Wallenstein* in Verbindung mit Herkulanischen Papyri siehe Siegfried Sudhaus, *Philodemi volumina rhetorica – supplementum* (Leipzig, 1895), V.

19 Die Papyri wurden bei einer Temperatur von 300–350 Grad karbonisiert, vgl. Corrado Basile, *I papiri carbonizzati di Ercolano. La temperatura dei materiali vulcanici e le tecniche di manifattura dei rotoli* (Syrakus, 2015). Für die diversen physikalischen Kräfte, welche auf die Rollen einwirkten, siehe Capasso, „La biblioteca" (wie Anm. 10), 45–46.

20 Für die Phasen des Ausbruchs siehe Haraldur Sigurdsson/Stanford Cashdollar/Stephen Sparks, „The Eruption of Vesuvius in A.D. 79: Reconstruction from Historical and Volcanological Evidence," *AJA* 86 (1982): (39–51) und Haraldur Sigurdsson/Stephen Carey, „The eruption of Vesuvius in A. D. 79," in *A Natural History of Pompeii* (hg. von Wilhelmina Jashemski/Frederick Meyer; Cambridge, 2002), (37–64).

3 Die Wiederentdeckung Herkulaneums, der Villa und der Papyrusrollen

Es ist viel Unheil in der Welt geschehen, aber wenig, das den Nachkommen so viel Freude gemacht hätte. Ich weiß nicht leicht etwas Interessanteres.

Goethe über die vom Vesuv verschütteten Städte (1787)[21]

3.1 Die Entdeckung Herkulaneums als Urmoment des Klassizismus

Nach einem über anderthalb Jahrtausende währenden Dornröschenschlaf wurden im Bereich des antiken Herkulaneum um 1710 bei Brunnenbauarbeiten zufällig Marmorstatuen gefunden, was Grabungen, heute würde man sagen Raubgrabungen, auf Geheiß von Emanuel-Maurice von Lothringen, Prinz d'Elboeuf, anstieß. Tunnel wurden in das Gelände hineingetrieben und man suchte gezielt nach Kunstschätzen. Die meisten Objekte fand man im Umkreis des für eine solche Kleinstadt doch sehr respektablen Theaters von Herkulaneum, welches sich in den folgenden Jahrzehnten zu einem regelrechten touristischem Magneten entwickelte und als Höhepunkt der unterirdischen Stadt galt.[22] Hier wurden etwa die berühmten „Herkulanerinnen" gefunden, welche durch einige Umwege nach Dresden an den Hof von August III. gelangten.[23] Jedoch waren es erst die Bourbonischen Grabungen zwischen 1738 und 1780, welche in großem Stile die Kunstschätze Herkulaneums zu Tage förderten. Diese entfalteten einen kaum zu überschätzenden Einfluss auf die Entwicklung des Klassizismus und das Geistesleben in Europa. Erst im Laufe des 18. Jahrhunderts begann Pompeji, im Hinblick auf Ruhm und Popularität Herkulaneum den Rang

---

21 Johann Wolfgang von Goethe, *Italienische Reise*, 2. Teil, Neapel, 13. März 1787.
22 Noch heute liegt das Theater unterirdisch, kann aber zu gewissen Zeiten (wieder) von Touristen besucht werden.
23 Vgl. Maria Guidobaldi, „Schatzgräber und Archäologen. Die Geschichte der Ausgrabungen von Herculaneum," in *Verschüttet vom Vesuv. Die letzten Stunden von Herculaneum* (hg. von Josef Mühlenbrock und Dieter Richter; Mainz, 2006), (17–26). Longo Auricchio et al., *La villa* (wie Anm. 3), 21–36. Mario Capasso, „Carlo di Borbone e la papirologia ercolanese", in *Ianua Classicorum: temas y formas del mundo clásico Bd. 3* (hg. von Jesús de la Villa Polo/Patricia Cañizares Ferriz/Emma Falque Rey/José Francisco González Castro/Jaime Siles; Madrid, 2016), (35–41). Die Tochter von August III, Maria Amalia Christina, war mit dem König Neapels Karl III. von Bourbon verheiratet. Für ihre Beziehung zu den Herkulanischen Papyri siehe Giuliana Leone, „Maria Amalia di Sassonia e i papiri ercolanesi," *CErc* 49 (2019): (163–172).

abzulaufen, als dort großflächig immer mehr Ausgrabungen unter freiem Himmel zu bestaunen waren. In Herkulaneum dagegen wurden fast sämtliche Funde in später meist wieder zugeschütteten Stollen gemacht und an der Oberfläche, wo der Ort Resina über dem antiken Herkulaneum lag, waren kaum Antiquitäten für Besucher sichtbar. Die Kunstgegenstände wurden zunächst nach Portici (nahe Herkulaneum) in ein dem Königspalast angegliedertes Museum verbracht und kamen erst zu Beginn des 19. Jh. nach Neapel (in das heutige *Museo Archeologico Nazionale di Napoli*).

Abb. 5: Die Ausgrabungen von Herkulaneum mit dem Vesuv im Hintergrund

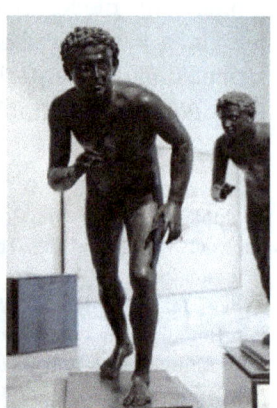

Abb. 6: Herkulanerinnen

Abb. 7: Läufer aus Herkulaneum

Kein anderer als Johann Joachim Winckelmann berichtete in seinem „Sendschreiben von den Herkulanischen Entdeckungen" an den Reichsgrafen von Brühl im Jahre 1762 über die Funde, einschließlich der Papyri, und begründete damit letztlich die Archäologie und Kunstgeschichte.[24] Der Enthusiasmus des gebildeten Europa über die neuesten Nachrichten von den antiken Stätten am Golf von Neapel kannte im wahrsten Wortsinne keine Grenzen und die Skulpturen sowie Wandmalereien inspirierten alsbald das Interieur zahlreicher adeliger und königlicher Residenzen. Goethes Besuch von Pompeji und Herkulaneum im Jahre 1787 war für all diejenigen, welche auf ihrer „Grand Tour" durch Italien kamen, gleichsam obligatorisch – bereits sein Vater hatte 1740 Herkulaneum besucht.[25] Der Vesuv, Herkulaneum und das schon zu Goethes Zeiten greifbarere Pompeji wurden zu idealisierten Sehnsuchtsobjekten und Symbolorten einer von Antikenverehrung geprägten Epoche, deren Ausläufer bis weit in das 20. Jahrhundert hineinreichten. Die Stätten am Golf von Neapel erfuhren musikalische, architektonische, literarische und künstlerische Manifestationen oder Rezeptionen.[26] Ohne die Entdeckung Herkulaneums und Pompejis wäre die Entwicklung des Klassizismus und der europäischen Geistesgeschichte vermutlich in Teilen anders verlaufen.

---

24 Johann Winckelmann, *Sendschreiben von den Herculanischen Entdeckungen: an den Hochgebohrnen Herrn, Herrn Heinrich Reichsgrafen von Brühl* (Dresden, 1762).
25 Johann Caspar Goethe schrieb 1740 über seine Eindrücke im Theater von Herkulaneum: „Wir mussten uns zunächst ausweisen, wer wir waren, und wurden anschließend von einer Wache begleitet...man kann jetzt auch schon die Mauern erkennen, die im heidnischen und phantastischen Geschmack in den beiden Farben Aschgrau und Rot auf ungeschickte Weise bemalt sind. Diese Figuren stellen Götzen und scheußliche, abstoßende Gestalten dar..." (nach Albert Meier, *Johann Caspar Goethe, Reise durch Italien im Jahre 1740* [Übersetzung und Kommentar] [München, 1982], 203–205).
26 Für einen Überblick siehe Dieter Richter, „Herculaneum im Norden. Die Ausgrabungen als europäisches Ereignis," in Mühlenbrock und Richter (Hgg.), *Verschüttet vom Vesuv* (wie Anm. 23), (183–196) und Dieter Richter, „Der ‚Brennende Berg'. Kulturgeschichte des Vesuvs," in Mühlenbrock und Richter (Hgg.), *Verschüttet vom Vesuv* (wie Anm. 23), (223–238). Félicien David komponierte sogar eine Oper „Herculanum," welche 1859 uraufgeführt wurde. 2015 wurde die Oper erneut aufgeführt bzw. gespielt (Flemish Radio Choir/Brussels Philharmonic) und ist nun mit ansprechendem Begleitmaterial und Libretto auf CD erhältlich: Félicien David, *Herculaneum. Collection: Opéra francais* (San Lorenzo de El Escorial, 2015). Zur Einordnung des Werkes siehe Eric Moormann, „Félicien David's Image of Herculaneum," *CErc* 50 (2020): (273–284).

Abb. 8: Der „Dichterfürst" vor antiker Kulisse

Abb. 9: Winckelmanns Sendschreiben (1762)

3.2 Die Entdeckung der Villa dei papiri als Urmoment der Archäologie und Kunstgeschichte

Die Ausgrabungen in Herkulaneum leitete ab 1738 der Pionier-Hauptmann Rocco Gioacchino d'Alcubierre. Im Jahre 1750 entdeckte man die bisher größte bekannte Villa der Antike, die sogenannte Villa dei papiri, seltener auch Villa dei Pisoni genannt. Vermutlich ließ Cäsars Schwiegervater Lucius Calpurnius Piso Caesoninus diese luxuriöse Villa von beeindruckenden Dimensionen als eine Art Sommerresidenz erbauen.[27] Die Villa ist bis heute fast völlig unterirdisch

---

27 Zur viel diskutierten Frage des Villenbesitzers siehe etwa Mario Capasso, „Who Lived in the Villa of the Papyri at Herculaneum – A Settled Question?," in Zarmakoupi (Hg.), *The Villa* (wie Anm. 5), (89–114) und Longo Auricchio et al., *La villa* (wie Anm. 5), (181–192). Lucius Calpurnius Piso Caesoninus muss aufgrund seiner Verbindung mit Kampanien und Philodem, dessen Bibliothek in der Villa gefunden wurde, als wahrscheinlichster Kandidat gelten. Jedoch überrascht das Fehlen von inschriftlichen Zeugnissen zur *gens Calpurnia* in Herkulaneum (kann aber erklärt werden), so dass etwa Mommsen an Comparettis Identifikation des Besitzers mit Piso zweifelte (Theodor Mommsen, „Inschriftbüsten," *Archäolog. Zeitung* 38 [1880]: [32–36]). In der Folge wurden diverse andere Namen in die Diskussion eingebracht, aber keiner mit wirklich überzeugenderen Argumenten als für Piso. Darüber hinaus besteht die Möglichkeit, dass die Villa den Besitzer bzw. die Besitzerfamilie wechselte.

gelegen und die meisten Teile sind nicht mehr zugänglich. Ihre unterirdische Erschließung durch enge Tunnel und insbesondere den Lageplan samt Verzeichnis der Fundstellen, welcher als Urdokument der Archäologie angesehen werden darf, verdanken wir dem Schweizer Ingenieur Karl Weber, der ab 1749 Alcubierre zur Seite stand und faktisch die Ausgrabungen leitete. Die zahlreichen, meist sehr gut erhaltenen Statuen und Büsten dieser Villa, die von 1750 bis 1761 (dann nochmals 1764–1765) gefunden wurden, zeugen vom immensen Reichtum des Villenbesitzers und einer beeindruckenden Prachtentfaltung. Besonders der rechteckige, überdimensionierte Innenhof der Villa (rechteckiges Peristyl) ist zu nennen.[28] Auch das Belvedere mit dem eleganten Marmorfußboden ist beachtlich. Einen Nachbau der Villa anhand von Webers Ausgrabungsplan hat in den 1970er Jahren der exzentrische Milliardär Jean Paul Getty in Malibu (Kalifornien) errichten lassen, die sogenannte Getty-Villa. Zur Zeit der Erbauung der Getty-Villa lag die echte Villa in Herkulaneum noch völlig unterirdisch, ja selbst ihre Lokalisierung war unscharf, so dass man für die kalifornische Kopie bzw. Interpretation nur auf Webers Plan zurückgreifen konnte.[29] Winckelmann sah die Arbeitsweise Alcubierres kritisch,[30] und auch Goethe klagte später: „Jammerschade, dass die Ausgrabungen nicht durch deutsche Bergleute recht planmäßig geschehen; denn gewiss ist bei einem zufällig räuberischem Nachwühlen manches edle Altertum vergeudet worden."[31]

---

28 Zur Villa und neuen archäologischen Ergebnissen siehe Zarmakoupi (Hg.), *The Villa* (wie Anm. 5).
29 Zur Getty-Villa siehe Kenneth Lapatin, „Introduction", in Lapatin (Hg.), *Buried by Vesuvius* (wie Anm. 5), (1–4).
30 Winckelmann, *Sendschreiben* (wie Anm. 24), 19: „Dieser Mann, welcher mit den Altertümern so wenig zu tun gehabt hatte, als der Mond mit den Krebsen, nach dem Welschen Sprichworte, war durch seine Unerfahrenheit Schuld an vielem Schaden und an dem Verluste vieler schöner Sachen."
31 Johann Wolfgang von Goethe, *Italienische Reise*, 2. Teil, Neapel 18. März 1787. Die Aussage erhält eine gewisse Bedeutung durch den Umstand, dass Goethe als Minister in Weimar auch für den Bergbau zuständig war und somit wusste, wovon er sprach.

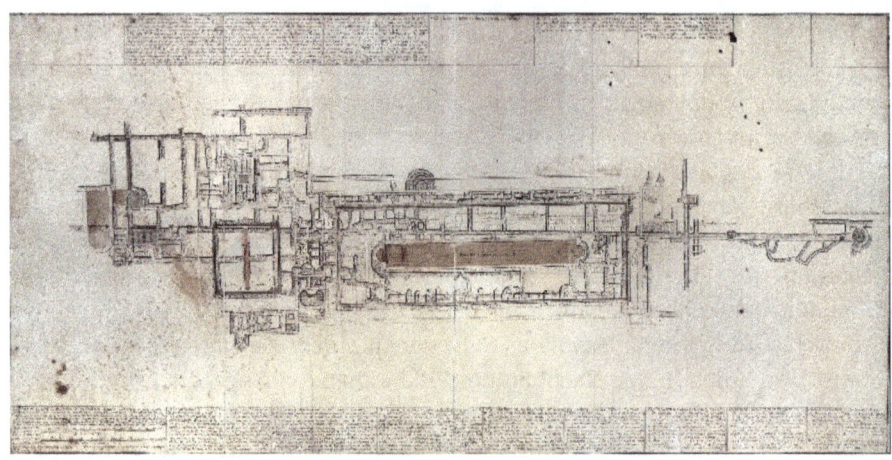

Abb. 10: Karl Webers Plan der Villa (1758)

Abb. 11: Teil der Getty Villa in Los Angeles/Malibu

3.3 Die Entdeckung der Herkulanischen Rollen als Urmoment der Papyrologie

Auch im Jahre 1752 scheint „manch edles Altertum vergeudet" worden zu sein, als die unbedarften Arbeiter bei ihren Grabungen auf den vielleicht wertvollsten Schatz der Villa stießen und anfangs verkannten, worum es sich handelte. Sie fanden Gebilde, welche sie für verkohlte Wurzeln oder Fischernetze hielten und wieder wegwarfen oder zerstießen.[32] Zufällig fiel eines der Objekte herunter, zerbrach und Schriftzeichen wurden sichtbar. Der Museumsleiter in Portici Camillo Paderni erkannte nun, dass es sich hier um antike, karbonisierte Schriftrollen handeln musste und reagierte prompt[33] – man malt sich lieber nicht aus, wie viele Rollen zuvor durch die Unkenntnis der Arbeiter zerstört worden sind. In den nächsten Monaten fand man an weiteren Stellen des Komplexes Papyri, aber erst zwischen Februar und August 1754 kam das Gros der Papyri in einem kleinen Raum („stanza V" auf Webers Plan) zum Vorschein – bis zu 1000 Rollen, die in Regalen an der Wand lagerten, teils auch in Schränken.[34] Dieses Zimmerchen diente offenbar als Depotraum (nur für Philodems Bibliothek?), während im lichtdurchfluteten *Tablinium* die Papyri bevorzugt gelesen worden sein dürften. Vielleicht hatte man versucht, einige Rollen vor der Hitze und dem Ascheregen während des Vesuvausbruchs in Sicherheit zu bringen, oder sie waren aus anderen Gründen in diversen Räumen der Villa gelagert. Mit der Zeit wurde den Verantwortlichen klar, dass man hier Überreste der einzig erhaltenen Bibliothek der Antike vor sich hatte. Die Kunde von diesem Fund verbreitete sich wie ein Lauffeuer im gebildeten Europa seiner Zeit und die Rollen wurden bald als den Statuen gleichwertige Schätze des Königs angesehen.

---

32 Vgl. Winckelmann, *Sendschreiben* (wie Anm. 24), 63.
33 Die früheste Mitteilung über den Fund stammt vom 18. November 1752 (Camillo Paderni an Mead), vgl. Carlo Knight, „Le lettere di Camillo Paderni alla Royal Society di Londra sulle scoperte di Ercolano (1739–1758)," *Rendiconti dell' Accademia di Archeologia Lettere e Belle Arti di Napoli* 66 (1997): (13–58), 22–23. Am 19.10.1752 wurden die ersten Papyri gefunden. Überblick bei Sider, *The Library* (wie Anm. 5), 22–24.
34 Vgl. Mario Capasso, „Custodia e lettura dei testi nella villa ercolanese dei papiri: alcune considerazioni," *CErc* 50 (2020): (7–14), 8.

Abb. 12 und **13**: Virtuelles Modell der Villa dei papiri

4 Das Öffnen der gefundenen Rollen – Bewahrung und Zerstörung

One machine can do the work of fifty ordinary men. No machine can do the work of one extraordinary man.

Elbert Hubbard, Thousand and One Epigrams (1911)

4.1 Erste Öffnungsversuche – Schneiden und Chemie

Nun stellte sich nach der Entdeckung der Rollen die Frage, wie man diese hochfragilen und durchbrannten Gebilde öffnen sollte. War ein zusammenhängender Text im Inneren der Rolle überhaupt erhalten? Die ersten grobschlächtigen Öffnungsversuche wurden bald nach dem Fund vom Museumsleiter Camillo Paderni selbst unternommen. Da er die Rollen nicht aufwickeln konnte, weil sie gleichsam zu Klumpen „verbacken" waren, schnitt er sie in der Mitte durch und kratzte die beiden Hälften Stück für Stück von innen nach außen aus, wobei er immer die sichtbare Lage abzeichnete. Bei diesem Prozess der *scorzatura totale* (das Auskratzen von kleineren „Teilzylindern" der Rolle wird *scorzatura parziale* genannt) wurde die Rolle zwar bis auf die äußeren Lagen fast völlig zerstört, aber immerhin hatte man etwas Text gewonnen. Ebenfalls zu dieser Zeit versuchte Raimondo di Sangro, Prinz von Sansevero, die Rollen mit Quecksilber geschmeidig zu machen und die Lagen voneinander zu lösen – mit pulverisierendem Ausgang.[35]

4.2 Aufwickeln der Rollen – Die wundersame „Macchina di Piaggio"

Das brachial-vernichtende „Auskratzen" konnte natürlich keine Dauerlösung sein und so wurde schon 1753 der Piaristenpater Antonio Piaggio (1713–1796) für die Öffnung der Rollen zu Hilfe gerufen, welcher bereits in der Vatikanischen Bibliothek erfolgreich Manuskripte restauriert hatte. Paderni und Piaggio sollten in den folgenden Jahren eher gegeneinander als miteinander arbeiten und wurden keine Freunde, ja Rivalen, da Piaggio Padernis Methode des Kratzens

---

35 Vgl. Sider, *The Library* (wie Anm. 5), 48. Auch der Chemiker Gaetano La Pira versuchte sich 1802 nochmals erfolglos an den Papyri, vgl. Mario Capasso, „Per la storia della papirologia ercolanese. II.," *Symbolae Osloenses* 71 (1996): (147–155).

nicht guthieß. Piaggio wurde schließlich zu dem (nicht ganz) unbesungenen Helden der Herkulanischen Papyrologie, da er einen ausgeklügelten Mechanismus entwarf, die sogenannte „Macchina di Piaggio", mit welcher er begann die Rollen im Schneckentempo ohne allzu große Zerstörungen zu entwickeln.[36] Er klebte eine feine Haut (Goldschlägerhaut) an die Außenseite der Rollen und zog sie durch ihr Eigengewicht mithilfe eines Konstrukts von Fäden und Schrauben auf, immer nur um wenige Millimeter am Tag.[37] Schon Winckelmann beschrieb die beeindruckende Apparatur,[38] von der noch heute Exemplare zu bestaunen sind, etwa im *Museo Archeologico Nazionale* und in der *Officina dei papiri* in Neapel. Piaggio sollte eigentlich nur kurze Zeit am Golf von Neapel bleiben, aber die Entrollung der Papyri wurde zu seinem Lebenswerk: Er wirkte bis zu seinem Tod 1796 vor Ort und wickelte mit bewundernswerter Geduld 17 Rollen auf.[39] In den Jahren nach seinem Tod kam es zu Revolutionswirren in Neapel, der Proklamation der kurzlebigen Republik *Partenopea* und zur (ersten) Flucht der königlichen Familie nach Palermo, wohin auch die Papyri verschifft wurden. Die schon von Winckelmann beklagte langsame Geschwindigkeit des Aufwickelns wurde zwischen 1802 und 1806 – die Papyri waren wieder in Neapel bzw. Portici – durch angelsächsische Effizienz und Investitionen enorm erhöht. Der englische Reverend und Hofkaplan John Hayter (1756–1818) kam im Auftrag des Prinzen von Wales, des späteren englischen Königs Georg IV., nach Portici, ließ mehrere Exemplare der Piaggio-Maschine bauen und organisierte die Arbeitsprozesse neu, so dass unter seiner Ägide über 200 Papyri in nur rund vier Jahren entrollt und zum großen Teil auch abgezeichnet wurden (siehe 6.3), wobei er die zu entwickelnden Rollen vorab nach ihrer möglichen Tauglichkeit für die Aufrollung mit der Maschine prüfte.[40]

---

36 Zu Piaggios Wirken siehe Domenico Bassi, „P. Antonio Piaggio e i primi tentativi per lo svolgimento dei papiri ercolanesi (da documenti inediti)," *Arch. Stor. Prov. Nap.* 32 (1907): (637–690) und David Blank, „Reflections on Re-reading Piaggio and the Early History of the Herculaneum Papyri," *CErc* 29 (1999): (55–82).
37 Jedoch war ein gewisses Schneiden (*scorzatura parziale*) weiterhin unvermeidlich. Piaggio schnitt gleichsam die äußeren Teile der Rolle ab, um den inneren Kern bzw. Zylinder (*midollo*) freizulegen, welcher dann mit seiner Maschine aufgewickelt wurde. Zur Illustration des Vorgehens siehe Sider, *The Library* (wie Anm. 5), 48–50.
38 Vgl. Winckelmann, *Sendschreiben* (wie Anm. 24), 86–89.
39 Zur „Macchina di Piaggio" siehe Longo Auricchio et al., *La villa* (wie Anm. 5), 60–64.
40 Vgl. Sider, *The Library* (wie Anm. 5), 52–55; Longo Auricchio et al., *La villa* (wie Anm. 5), 82–86; ausführlicher Anna Angeli, „Lo svolgimento dei papiri carbonizzati," *PapLup* 3 (1994): (37–104).

 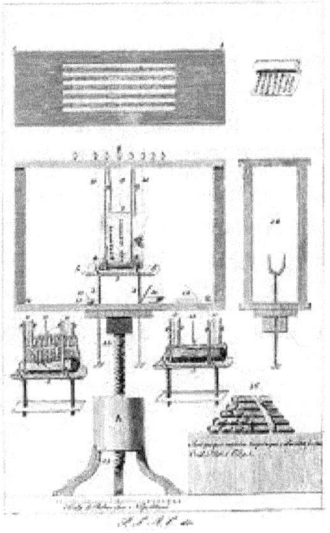

Abb. 14: Macchina di Piaggio

Abb. 15: Beschreibung der Macchina (18. Jh.)

4.3 Weitere Öffnungsversuche

Hayter wurde schließlich 1809 nach England zurückberufen, wohin auch etwa 20 Herkulanische Papyri gelangten.[41] Hier versuchte man nochmals mit chemischen Methoden (z.B. Gas) die Papyri zu öffnen, alles in allem mit keinem oder wenig Erfolg.[42] Auch der bekannte Chemiker Humphrey Davy (1778–1829) konnte in England und bei späteren Versuchen in Neapel (1816 und 1819) ebenso wie andere Chemiker nach ihm (darunter Justus Liebig) keine nennenswerte Resultate erzielen,[43] so dass im 19. Jahrhundert weiterhin mit der bewährten „Mac-

---

41 Hayter verfasste Berichte zu seiner Arbeit, insbesondere etwa John Hayter, *A report upon the Herculaneum manuscripts, in a second letter addressed, by permission, to His Royal Highness the Prince Regent* (London, 1811).

42 Verheerend und viel kritisiert waren die Versuche von Sickler (1817), vgl. Friedrich Sickler, *Die Herkulanensischen Handschriften in England und meine Versuche zu ihrer Entwicklung* (Leipzig, 1819).

43 Humphrey Davy, „Some Observations and Experiments on the Papyri Found in the Ruins of Herculaneum," *Philosophical Transactions of the Royal Society of London* 111 (1821): (191–208); Francesca Longo Auricchio, „L'esperienza napoletana di Davy," in *Proceedings of the 19th*

china di Piaggio" entrollt wurde. In den Jahrzehnten nach Hayters Weggang wurden, wenngleich weniger schnell, noch hunderte Rollen (teilweise) aufgewickelt, aber es scheint zunehmend „Know-How" verloren gegangen zu sein.[44] Dennoch wurde die Entwicklung der Rollen mittels der Maschine noch bis in frühe 20. Jahrhundert praktiziert. Nach dem Ersten Weltkrieg versuchten sich bis 1970 nochmals verschiedene Naturwissenschafter oder Restauratoren mit Alkohol oder anderen Substanzen an den Papyri, aber die Resultate waren desillusionierend und es konnte kein Text in nennenswertem Umfang gewonnen werden.[45] Zuletzt wickelte Anton Fackelmann (1916–1985), welcher beim Öffnen des Derveni-Papyrus erfolgreich war, 24 Papyri auf, wobei „Aufwickeln" hier eher ein Euphemismus für fruchtloses Zerfleddern der Rollen ohne faktischen Textgewinn ist. Jedoch hatte seine Anwendung von Elektromagnetismus und stabilisierenden Flüssigkeiten Pioniercharakter.[46]

International Congress of Papyrology (hg. von Abd El-Mosalamy; Cairo, 1992), (189–202). Davy dedizierte König Georg IV. ein Buch (Unikat) mit Abzeichnungen der von ihm behandelten Papyri, das sogennante „Kings Book"; zu dessen Geschichte siehe Kilian Fleischer, „Drawings of Herculaneum papyri in Windsor Castle: The King's Book," *Newsletter of the Herculaneum Society* 25 (2020): (8–10). Zu den chemischen Aufrollversuchen siehe auch Sider, *The Library* (wie Anm. 5), 57; Sofia Maresca, „Early Attempts to Open and Read the Papyri: 1750s–1990s," in Lapatin (Hg.), *Buried by Vesuvius* (wie Anm. 5), (28–36), 34–35. Longo Auricchio et al., *La villa* (wie Anm. 5), 65–66.

44 Ab etwa 1820 wurden auch verstärkt im Zuge der *scorzatura parziale* entstandene *scorze* aufgewickelt (entblättert), vgl. Janko, *How to read* (wie Anm. 5), 136.

45 Vgl. Longo Auricchio et al., *La villa* (wie Anm. 5), 65.

46 Vgl. Anton Fackelmann, „The restoration of the Herculaneum papyri and other recent finds," *Bulletin of the Institute of Classical Studies* 17 (1970): (144–147).

5 Die Bibliothek Philodems: Inhalt und Bedeutung für die Klassische Philologie

Est quidam Graecus, qui cum isto vivit, homo, vere ut dicam – sic enim cognovi – humanus ... Est autem hic de quo loquor non philosophia solum sed etiam ceteris studiis, quae fere ceteros Epicureos neglegere dicunt, perpolitus...

Cicero über Philodem, *In Pisonem* (55 v. Chr.)

5.1 Hoffnung auf verlorene Meisterwerke und Philodem

Waren unter den Papyri verlorene Meisterwerke der Antike? Winckelmann schrieb 1762, als erst vier Papyri, darunter ein Buch von Philodems *De musica*, entrollt waren: „Man wünschte Geschichtsschreiber zu finden, wie die verlorenen Bücher des Diodorus, die Geschichte des Theopompus und des Ephorus und andere Schriften, als des Aristoteles Beurteilung der dramatischen Dichter, die verlorenen Tragödien des Sophokles und des Euripides, die Komödien des Menanders und des Alexis, die Symmetrie des Pamphilus für die Maler, und einige Werke von der Baukunst: an einer hypochondrischen und zerstümmelten Klage wider die Musik ist uns nicht viel gelegen."[47] Die Wunschlisten anderer Zeitgenossen variierten je nach persönlichem Gusto.[48] Epikureische Schriften standen auf niemandes Wunschliste. Jedoch stellte sich in den folgenden Jahrzehnten heraus, dass es sich bei der griechischen Bibliothek der Villa um die des Epikureers Philodem von Gadara handelte, welcher die von Winckelmann geschmähte Schrift verfasste. Dutzende Rollen weisen Philodem als Autor aus und auch Entwurfsfassungen seiner Bücher wurden gefunden. Wie es sich für einen Epikureer gehört, enthielt seine Bibliothek allen voran Bücher Epikurs und berühmter Epikureer, welche seit der Spätantike nicht mehr überliefert wurden.

Philodem (etwa 110–30 v. Chr.)[49] dürfte seine hellenistisch geprägte Heimatstadt Gadara in der Dekapolis (heutiges Jordanien) um 90 v. Chr. verlassen

---

47 Winckelmann, *Sendschreiben* (wie Anm. 24), 89–90.
48 Vgl. Sider, *The Library* (wie Anm. 5), 63; Longo Auricchio et al., *La villa* (wie Anm. 5), 70.
49 Für Philodems Biographie siehe Enzo Puglia, „Perché Filodemo non fu ad Alessandria?," *SEP* 1 (2004): (133–138); Kilian Fleischer, „Dating Philodemus' birth and early studies," *BASP* 55 (2018): (119–127); Francesca Longo Auricchio, „Qualche considerazione sulla biografia di Filodemo," *CErc* 49 (2019): (31–38); Blank, Philodemus (wie Anm. 5), Kapitel: „life"; David Armstrong und Michael McOsker, *Philodemus. On Anger* (Atlanta, 2020), 1–10.

Open Access. © 2022 Kilian Fleischer, publiziert von De Gruyter. Dieses Werk ist lizenziert unter der Creative Commons Attribution-NonCommercial-NoDerivatives 4.0 Lizenz.
https://doi.org/10.1515/9783110767711-006

haben und weilte zunächst einige Zeit in Alexandria. Um 85 v. Chr. siedelte er nach Athen über, um dort bei dem Leiter (Scholarch) der epikureischen Schule Zenon von Sidon (160–75)[50] im κῆπος (Garten) philosophischen Studien nachzugehen. Nach Zenons Tod verließ Philodem etwa zwischen 75 und 70 v. Chr. Athen und ging nach Italien, vielleicht anfangs nach Sizilien. Zu dieser Zeit, womöglich aber schon vorher, muss er mit seinem späteren Patron Lucius Calpurnius Piso Caesoninus, Konsul des Jahres 58 v. Chr., in Kontakt gekommen sein. Vermutlich begleitete Philodem Piso auf einigen Reisen und lebte sowohl in Rom als auch am Golf von Neapel in dessen Umfeld. Piso ist in einem von Philodems Epigrammen adressiert[51] und auch das Werk *De bono rege secundum Homerum* ist dem Politiker gewidmet. Cicero rekurriert auf Philodem als Pisos „Hausphilosophen" in seiner Rede gegen den vormaligen Konsul (*In Pisonem*). Er charakterisiert Philodem bei aller Polemik doch als kultivierten Epikureer.[52] Auch eine Stelle in *De finibus* spricht für Ciceros Wertschätzung des Philosophen.[53] Horaz erwähnt Philodem ebenfalls.[54] Philodem war es, der mit anderen die epikureische Philosophie in Rom und Italien einbürgerte.[55] Er stand mit Siro sowie den „Augusteern", Vergil, Plotius Tucca, Quinctilius Varo und Varius Rufus in freundschaftlichem Kontakt – alle fünf sind in Herkulanischen Papyri erwähnt.[56] Philodem hat auch Einfluss auf deren Dichtung und epikurische Prägung ausgeübt.[57] Über eine direkte Beziehung Philodems zu Horaz und Lukrez wird diskutiert. Philodem legte größeren Wert auf Ethik als auf Naturphilosophie, was eine Konzession an sein eher praktisch orientiertes römisches Umfeld gewesen sein dürfte. Seine schriftstellerischen Qualitäten werden heute zusehend positiver bewertet, aber „schön zu lesen" ist das Griechisch meistens

---

50 Für seine Lebensdaten siehe Kilian Fleischer, „Zenone di Sidone nacque intorno al 160 a.C.," *RFIC* 147 (2019): (43–50).
51 Philodem, *Epigramm* 27 Sider (=AP 11,44).
52 Cicero, *In Pisonem* 68–72,74 (hg. von Robin Nisbet, *M. Tulli Ciceronis in L. Calpurnium Pisonem oratio. Edited with Text, Introduction, and Commentary* [Oxford 1961] =T 2 Sider).
53 Cicero, *De finibus* 2,119 (*... familiares vestros, credo, Sironem dicis et Philodemum, cum optimos viros tum homines doctissimos*) (OCT, 95,1–3 Reynolds =T 1 Sider).
54 Horaz, *Sermones* 1,2,119–122 (OCT, 141 Garrod =T 4 Sider).
55 Vgl. David Sedley, „Philodemus and the decentralisation of philosophy," *CErc* 33 (2003): (31–41).
56 Siro in PHerc. 312, col. 14 (=T 15 Sider), die genannten Augusteer in PHerc. Paris. 2, PHerc. 253 und PHerc. 1082. Zu Philodem und den Augusteern vgl. David Armstrong/Jeffrey Fish/Patricia Jonston/Marilyn Skinner (Hgg.), *Vergil, Philodemus, and the Augustans* (Austin, 2004).
57 Vgl. Richard Janko, *Philodemus. On Poems, Book 2. With the fragments of Heracleodorus and Pausimachus* (Oxford, 2020), 162–166.

nicht. Bis zur Entdeckung der Herkulanischen Papyri war Philodem als Autor nur durch rund 35 Epigramme in der *Anthologia Palatina* bekannt.

Abb. 16: Büste Epikurs (im Tablinum der Villa gefunden)

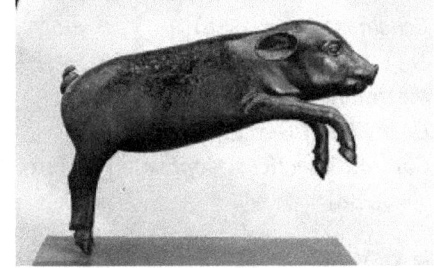

Abb. 17: Das Schweinchen hat wohl einen Bezug zum Epikureismus (im großen Peristyl der Villa gefunden)

5.2 Inhalt der Herkulanischen Bibliothek

In der „Bibliothek" der Villa – größtenteils die Bibliothek Philodems – wurden insbesondere folgende Autoren und Werke identifiziert:[58]

---

[58] Für eine andere Übersicht zu den gefundenen Werken siehe Agnese Travaglione, *Catalogo descrittivo dei papiri Ercolanesi* (Neapel, 2008), 320–328; Blank, *Philodemus* (wie Anm. 5); Longo Auricchio et al., *La villa* (wie Anm. 5), 137–179. Die lateinischen Bezeichnungen gehen im Wesentlichen auf Erler, *Epikur* (wie Anm. 5) zurück und variieren bisweilen in Publikationen (teils sind die originalen Titel nicht erhalten und nur „Pseudo-Titel" aufgrund des Inhalts zugewiesen). Zu den Titeln (*subscriptiones*) der Werke siehe Gianluca Del Mastro, *Titoli e annotazioni bibliologiche nei papiri greci di Ercolano* (Neapel, 2014). Aktualisierte griechische Titel und gängige Abkürzungen finden sich am Ende aller CErc-Bände sowie auf www.chartes.it (siehe 13.2.2). Die Buchzuweisung und auch Werkzuweisung einzelner Papyri wird diskutiert. Auch die Kategorisierung bzw. Einteilung von Philodems Schriften wird verschiedentlich vorgenommen. Ich habe in meiner Aufstellung frühere Ansätze synthetisiert.

Epikureer

Epikur
De natura: Buch 2 (PHerc. 1149/993+1783/1691/1010), 9 (PHerc. 560), 10 (PHerc. 1413/1416), 11 (PHerc. 1042+154), 14 (PHerc. 1148), 15 (PHerc. 1151), 21 (PHerc. 362), 25 (PHerc. 454/1420/1056+697+1191), 28 (PHerc. 1479/1417), 34 (PHerc. 1431) Teils substantielle Reste nicht genauer bestimmbarer Bücher des Werkes finden sich unter diversen anderen PHerc.-Nummern.
Echelaos (PHerc. 566)

Metrodor
De divitiis (PHerc. 200)
Contra dialecticos (sophistas) (PHerc. 255,418,439,456,1084,1091,1108,1112,1645, 1788)[59]

Polyainos
Contra Aristonem (PHerc. 573)

Kolotes
Contra Platonis Lysin (PHerc. 208)
Contra Platonis Euthydemum (PHerc. 1032)

Polystratos
De iniusto contemptu (PHerc. 336/1150)
De philosophia (PHerc. 1520)

Karneiskos
Philistas (PHerc. 1027)

Zenon von Sidon
Contra Craterum de geometria (PHerc. 1533)

Demetrius Laco
Quaestiones convivales (PHerc. 1006)
Ad Polyaeni dubia (PHerc. 1083,1258,1429,1642,1647,1822)
De geometria (PHerc. 1061)

---

[59] Für die Nummern vgl. Kilian Fleischer, „Die ältesten Papyri Herkulaneums: PHerc. 1788 und andere Metrodorpapyri," *CErc* 49 (2019): (17–29).

De poematis (PHerc. 188, 1014)
De sole (PHerc. 1013, PHerc. 177)[60]
De elatione animi (PHerc. 831)
Quaestiones exegeticae (PHerc. 1012)
De forma dei (PHerc. 1055)

Philodem
a) Philosophiehistorische Schriften
Syntaxis philosophorum
    Index Academicorum (PHerc. 1021/1691 + 164)
    Index Stoicorum (PHerc. 1018)
    Index Epicureorum (PHerc. 1780)
    Vita Socratis (PHerc. 495+558)
    Index Eleaticorum et Abderitum (PHerc. 327- unsicher)
    Index Pythagoreorum (PHerc. 1508- unsicher)
De Stoicis (PHerc. 155+339)

b) Historiographie zu Epikur/Epikureismus
De Epicuro (PHerc. 1232,1289)
De mentionibus in Epicuro / Pragmateiai (PHerc. 1418+310)[61]
Vita Philonidis (PHerc. 1044/1746/1715)

c) Ästhetische Schriften
De rhetorica (Dutzende PHerc.-Nummern – am besten erhaltene Werk Philodems, mehrere Bücher)
De musica (PHerc. 1497 und etliche andere PHerc.-Nummern, mehrere Bücher)
De poematis (Dutzende PHerc.-Nummern – 5 Bücher – viel erhalten)[62]

---

60 Zu PHerc. 177 siehe Graziano Ranocchia, „Un nuovo titolo iniziale nella collezione ercolanese e un nuovo libro (del trattato) sul Sole di Demetrio Lacone (P.Herc. 177)," *Aegyptus* 98 (2018): (3–36).
61 Zum Titel des Werkes, welcher kaum den Plural πραγματεῖαι enthielt, siehe Enzo Puglia, „Le cosiddette Pragmateiai di Filodemo, ovvero dell' immeritata fortuna di un titolo," in *è sì d' amici pieno. Ommagio di studiosi italiani a Guido Bastianini per il suo settantesimo compleanno* (hg. von Angelo Casanova/Gabriella Messeri/Rosario Pintaudi; Florenz, 2016), (309–315) und Kilian Fleischer, „Epikur, Philodem, ΠΡΑΓΜΑΤΕΙΑΙ: Ein neuer Akzent in Titel und Bewertung von PHerc. 1418+310," *ZPE* 210 (2019): (54–70).
62 Zu den Nummern siehe Janko, *Philodemus' On Poetry* (wie Anm. 57), 6–7.

d) Ethische Schriften
De vitiis
   De adulatione (PHerc. 222,223/1082/1089/1675,1457)
   De calumnia (PHerc. Paris.2)
   De oeconomia (PHerc. 1424)
   De superbia (PHerc. 1008)
De divitiis (PHerc. 163)
De gratia (PHerc. 1414)
De homilia (PHerc. 873/1399)
De ira (PHerc. 182)
De morte (PHerc. 1050)
Adversus eos qui se libros nosse profitentur (PHerc. 1005/862+1485)
De bono rege secundum Homerum (PHerc. 1507)
De electionibus et fugis (PHerc. 1251)
De sensibus (PHerc. 19/698)
De vitis
   De libertate dicendi (PHerc. 1471)

e) Theologische Schriften
De dis (PHerc. 26, 152/157)
De pietate (PHerc. 1428)
De providentia (PHerc. 1670/1100/1577/1579)[63]

f) Epistemologische Schriften
De signis (PHerc. 1065)

Ferner sind zahlreiche als „opus incertum" bezeichnete Papyri Philodem zuzuweisen. Teils ist auch der Inhalt näher eingrenzbar.

Stoiker

Chrysipp
Quaestiones logicae (PHerc. 307)
De providentia (PHerc. 1038,1421)

---

[63] Vgl. Claudio Vergara, „I papiri dell' opera *De Providentia* di Filodemo," *CErc* 50 (2020): (91–99).

Einige andere Rollen stoischen Inhalts sind wahrscheinlich auch chrysippeisch (PHerc. 1020,[64]*1384,1158).*

Lateinische Papyri

Anonym, *De Bello Actiaco* (PHerc. 817)
Seneca d. Ältere, *Historiae ab initio bellorum civilium* (PHerc. 1067)

Die meisten anderen lateinischen Papyri sind nur sehr fragmentarisch erhalten und oftmals kann nicht einmal eine wahrscheinliche These zum Inhalt aufgestellt werden.

Bei einigen der aufgezählten Schriften wurden „kleinere" oder „unsichere" Fragmente (PHerc.-Nummern) nicht angegeben, so dass sich die einzelnen Nummern meist auf den relativ gut erhaltenen Mittelteil der Rollen (*midollo*) beziehen. Die meisten der gelisteten Werke bestehen aus mehreren Büchern, was nicht angegeben wurde, da die Gesamtzahl der Bücher bei vielen Werken unbekannt ist und eine genauere Aufschlüsselung der Nummern hier zu unübersichtlich geworden wäre, zumal viele Zuordnungen und Buchzahlen in der Forschung diskutiert werden (bspw. bestand *De morte* aus mindestens 4 Büchern, *De vitiis* aus mindestens zehn Büchern, usw.). Auch nicht angeführt sind etliche (hunderte) der insgesamt 1840 PHerc.-Nummern (und einige Sonderinventarisierungen), unter denen nur sehr fragmentarische Reste aufbewahrt sind, so dass eine Zuweisung an einen Autor oder ein Werk oder auch nur eine wahrscheinliche Aussage zum Inhalt nicht möglich ist. Im Falle von Epikurs *De natura* sieht man exemplarisch, dass sehr oft mehrere PHerc.-Nummern einem Werk zugeordnet sind, da Teile von ein und derselben Rolle im Zuge der Arbeiten (Zerbrechen der Rolle in mehrere Stücke) und Archivierung in der frühen Neuzeit „chaotisch" auf mehrere Nummern (*cornici*) verteilt wurden (siehe 13.1.2). Das Pluszeichen (+) bedeutet, dass von ein und demselben Werk mehrere Kopien (Versionen) in der Bibliothek vorhanden waren, während der Gedankenstrich (-) anzeigt, dass die Bücher des übergeordneten Werkes diese (fiktiven) Titel tragen.

Bei einigen philodemeischen Werken ist es aufgrund des Erhaltungszustands nicht ausgeschlossen, dass es sich wie im Falle des *Index Academicorum*

---

[64] Michelle Alessandrelli und Graziano Ranocchia, *Scrittore stoico anonimo, Opera incerta (PHerc. 1020), coll. 104–112. Edizione, introduzione e commento* (Rom, 2017).

(siehe 15.1) um vorläufige Arbeitsfassungen handelt. Epikurs 37 Bücher umfassendes Monumentalwerk περὶ φύσεως befand sich wohl in Komplettfassung in der Herkulanischen Bibliothek; die Reste erlauben uns nun auch einen erweiterten Vergleich mit Lukrezens Disposition des Stoffes in *De rerum natura*. Von weiteren, hier nicht aufgeführten Werken Philodems kennen wir aus Zitaten in eigenen Schriften den Titel und auch für andere, hier nicht aufgeführte kleinere, d.h. sehr schlecht erhaltene Papyri (Philodems) wurden mitunter provisorische Titel konjiziert. Einige Papyri mit Werken Epikurs und Metrodors repräsentieren sehr alte Kopien und wurden lange vor Philodem im 3. Jh. v. Chr. niedergeschrieben.[65] Im Falle von Epikurs *De natura* könnten Mehrfach-Kopien desselben Buches mit philologisch-überlieferungsgeschichtlichen Interessen und Studien Philodems zusammenhängen, der durch Vergleich den korrekten Urtext sichern wollte. Offenbar nahm Philodem einige Papyri aus Athen, wohl aus dem Umfeld der dortigen Schule, mit nach Italien.

Die *Länge* der erhaltenen Papyri bzw. ihre erhaltene Kolumnenzahl variiert erheblich zwischen den einzelnen PHerc-Nummern. Von manchen Werken sind lediglich wenige Zeilen deutlich lesbar oder fast nur der Titel und Verfassername am Ende der Rolle – die *subscriptio* – erhalten,[66] während unter anderen Nummern zahlreiche Kolumnen in der Größenordnung dutzender moderner Norm-Seiten zu finden sind.

Die lateinischen (entrollten) Papyri summieren sich auf weniger als 100 (Rollen) und datieren wohl überwiegend aus der Zeit nach Philodem. Sie sind fast ausnahmslos sehr schlecht erhalten, was vermuten lässt, dass sie während des Ausbruchs größtenteils nicht in unmittelbarer Nähe zu den besser erhaltenen griechischen Papyri verwahrt waren.[67] Entgegen den Behauptungen von Kleve und anderen in den 1990er Jahren (und darüber hinaus) sind keine Reste von Lukrezens *De rerum natura* mit Sicherheit unter den lateinischen Papyri auszumachen. Ebenso steht die vermutete Präsenz von Ennius und Caecilius Statius zur Diskussion.[68] Die jüngste Wiederherstellung der *subscriptio* von

---

65 Vgl. Guglielmo Cavallo, Libri scritture scribe a Ercolano (Suppl. CErc 13) (Neapel, 1982), 57–58.
66 Zu den Titeln der Herkulanischen Werke bzw. den *subscriptiones* und stichometrischen Fragen siehe grundlegend Del Mastro, *Titoli* (wie Anm. 58).
67 Vgl. Capasso, *Custodia e lettura* (wie Anm. 34), 14.
68 Guglielmo Cavallo, „I papiri di Ercolano come documenti per la storia delle biblioteche e dei libri antichi," *Atti dell Accademia nazionale dei Lincei, serie IX, XXXV, 3, Rom* (2015): (573–598), 594 und Mario Capasso, *Les papyrus latins d' Herculanum. Découverte, consistence, contenu* (Liege, 2011), 63 gegen die Ausführungen von Knut Kleve, „Lucretius in Herculaneum," *CErc* 19 (1989): (5–27) und Knut Kleve, „Ennius in Herculaneum," *CErc* 20 (1990): (5–16).

PHerc. *1067* weist den Papyrus als Werk Senecas des Älteren aus, was zeigt, dass zumindest der lateinische Teil der Bibliothek (fast) bis zum Vesuvausbruch „up-to-date" gehalten wurde.[69]

5.3 Wert und Bedeutung der Papyri

Die primäre Bedeutung der Papyri liegt darin, dass sie uns einen vertieften, authentischen Einblick in die epikureische Philosophie und ihre literarischen Spielarten gewähren, also in eine Philosophierichtung, deren Schriften das spätantike Nadelöhr der Überlieferung nicht passiert haben und fast gänzlich verloren gingen. Allerdings relativiert bzw. verbreitet sich der anhand obiger Autorenliste dominierende epikureisch-spezielle Charakter der Bibliothek, wenn man bedenkt, dass Philodem die Ansichten anderer Philosophen vor deren Widerlegung oft sehr ausführlich paraphrasiert oder zitiert. Die Herkulanischen Papyri sind eine wahre Fundgrube für viele anderweitig verlorene nicht-epikureische Autoren, unter ihnen Philosophen, Historiker, Grammatiker und Dichter. Wir sprechen hier von einer solchen Quantität, dass etwa gegenwärtig ein voluminöses *Corpus Praesocraticorum Herculanensium* im Erscheinen begriffen ist, welches beanspruchen kann, eine gewichtige Ergänzung zu den Vorsokratikerfragmenten von Diels-Kranz zu werden.[70] Ferner profitier(t)en etwa auch Jacobys *Fragmente der Griechischen Historiker* und viele andere „Corpora" in erheblichem Maße von den Papyri. Selbst die athenische Archontenliste erfuhr durch die Papyri manche Erweiterung, was die Strahlkraft der Herkulanischen Papyri auf andere Gebiete der Altertumswissenschaften versinnbildlicht.[71] Trotz der unbestreitbar epikureischen Präponderanz wäre es gänzlich verfehlt, die „Herkulanischen Papyri" auf die Bezeichnung „Epikureische Papyri" zu reduzieren und damit eine thematische oder literarische Enge zu insinuieren, welche die Papyri ob ihrer nicht marginalen Bedeutung für For-

---

69 Vgl. Longo Auricchio et al., *La villa* (wie Anm. 5), 137–138. Viele lateinische Papyri wurden im Zuge des ERC-Projekts PLATINUM (Papyri and LAtin Texts: INsights and Updated Methodologies Towards a philological, literary, and historical approach to Latin papyri) näher untersucht. Siehe die Datenbank „Il nuovo Corpus of Latin Texts on Papyrus (CLTP)". Zu dem Werk Senecas des Älteren siehe Valeria Piano, „Il P. Herc. 1067 latino: il rotolo, il testo, l'autore," *CErc* 47 (2017): (163–250) und Maria Scappaticcio (Hg.), *Seneca the Elder and his Rediscovered „Historiae ab initio bellorum civilium"* (Berlin, 2020).
70 Christian Vassallo, *The Presocratics at Herculaneum: A Study of Early Greek Philosophy in the Epicurean Tradition* (= Studia Praesocratica, 11) (Berlin, 2021).
71 Tiziano Dorandi, „Gli arconti nei papiri ercolanesi," *ZPE* 84 (1990): (121–138).

schungszweige jenseits des Epikureismus keineswegs haben. Beinahe unnötig zu erwähnen ist, dass die Rollen für bibliologische (*mise en page*, Stichometrie), buchgeschichtliche und paläographische Studien von besonderem Aussagegehalt sind und die Befunde aus Ägypten einordnen und ergänzen. Folglich sollten wir nicht in die Klagen mancher Gelehrter des 19. Jahrhunderts über das (vorläufige) Ausbleiben erhoffter Meisterwerke einstimmen und uns für das unverhofft Erhaltene glücklich schätzen.[72]

---

[72] Siehe etwa Domenico Comparetti und Giulio De Petra, *La Villa ercolanese dei Pisoni: I suoi monumenti e la sua biblioteca* (Neapel, 1883), 79; Charles Waldstein und Leonhard Shoobridge, *Herculaneum: Past, Present, Future* (London, 1908), 83.

6 Das Lesen und Abzeichnen der Papyri – *Cornici*, Löcher, Lagen, Hügel und *Disegni*

Quanta autem cum aerumna in his laciniis plane adustis et contritis atramenti concoloris vestigia teneas dum in formis litterarum internoscendis desudas, quamque saepe oculi vel vitro muniti caliginem discutere Telchinumve illorum ludibria nequiquam eludere studeant, qui Comparettio sovrapposti et sottoposti, opercula seu tegimina et statumina mihi audiunt, expertis enarrare longum est.

Siegfried Mekler, Ausgabe des *Index Academicorum* (1902)

6.1 *Cornici* (Rahmen)

Nach dem Aufwickeln wurden die Rollen in verschiedene, kleinere Stücke von der Länge weniger Kolumnen geschnitten (der Schnitt wurde in der Regel zwischen zwei Kolumnen gemacht) und auf Rahmen, *cornici* genannt, geklebt, wobei Piaggio in den Anfangsjahren die Papyri als Rollen zu erhalten suchte und wieder zusammenwickelte, was für deren philologische Erforschung aber nicht praktikabel war.[73] Oft ist nur der innere Teil der Rollen (*midollo*) halbwegs unversehrt erhalten, aber auch hier weisen die Rollen bzw. der Text an vielen Stellen klaffende Lücken auf und manche Bereiche sind völlig zerstört.

Abb. 18: Bild mit normaler Kamera, *Cornice* (Rahmen) auf Tisch liegend. Die Papyri wurden nach dem Aufrollen zerschnitten und auf eine Art Pappe geklebt, welche auf einen Holzrahmen montiert wurde (hier: PHerc. 1021).

Abb. 19: Bild mit normaler Kamera, Nahaufnahme eines Papyrus (PHerc. 1021). Man erkennt viele Risse, Lücken und verblasste Passagen.

---

73 Vgl. Sider, *The Library* (wie Anm. 5), 52.

6.2 Beschaffenheit der Papyri

Ungünstigerweise wurden die Herkulanischen Papyri mit kohlebasierter Tinte beschrieben, so dass nach der Karbonisation letztlich Kohle auf Kohle bzw. schwarz auf schwarz stand und nur wenig Kontrast gegeben ist. Die Buchstaben des Papyrus verschwinden oftmals vor den Augen des Lesers, wenn er sein Sichtfeld nur um wenige Grad ändert, was der Reflexion des Lichtes bei der speziellen Oberfläche des Papyrus geschuldet ist. Diese ist nämlich nicht eben wie ein Blatt, sondern auf kleinstem Raum hügelig. Ferner blieben beim Aufwickeln der Rollen öfters Teile einer Lage (Wicklung) an einer anderen Lage (an der oberen oder unteren Lage) kleben, welche wieder (fiktiv) zurückversetzt werden müssen. Herkulanische Papyrologen sprechen von *Sovrapposti* (eine Lage, die oberhalb der Basislage hängenblieb) und *Sottoposti* (eine Lage, die unterhalb der Basislage hängenblieb). Teils blieben auch mehrere Schichten aufeinander hängen und türmten sich zu sehr komplexen und unübersichtlichen stratigraphischen Strukturen auf. In der Tat ist die Stratigraphie der Papyri ein Spezialproblem, deren Beherrschung und Auflösung den Papyrologen viel Geduld abverlangt. Frühere Herausgeber widmeten sich der Analyse der Lagen oft nicht mit der nötigen Sorgfalt, so dass viele Stellen falsch oder nicht erschöpfend rekonstruiert wurden, mithin durch fehlende oder falsche Rückplatzierung der Lagen oder durch Übersehen von Lagenunterschieden keine befriedigende Ausgangsbasis für die philologische Textherstellung geschaffen wurde. Die Lagen sind adäquat nur durch Autopsie am Original zu erkennen und können auf Bildern (MSI oder HSI) meist nicht sicher ausgemacht werden (auf *Disegni* ist dies letztlich nur mit philologischen Erwägungen zu bewerkstelligen). Die Herkulanischen Papyri repräsentieren hochkomplexe „dreidimensionale Objekte" mit Schluchten, Lagen, Hügeln und Verdrehungen, die zu optischen Täuschungen führen, während ägyptische Papyri meist unter zwei Glasscheiben aufbewahrt werden und in der Regel als „zweidimensionale Objekte" erforscht werden können.

Abb. 20 und 21: Details eines Papyrus (PHerc. 1021) – Hügel und Risse (mit normaler Kamera).

6.3 Disegni – Oxforder Disegni und Neapolitanische Disegni

Für die Veröffentlichung der Papyri wurden diese im 18. und 19. Jahrhundert zunächst von sogenannten *Disegnatori* abgezeichnet, welche des Griechischen nicht mächtig waren. So sollten unbewusste philologische Korrekturen beim Abzeichnen verhindert werden. Diese anschließend von philologisch kundigen Gelehrten überprüften Abzeichnungen werden in der Fachsprache *Disegni* genannt. Den Abzeichnern unterliefen wegen der Dunkelheit der Papyri und der trügerischen Reflexion des Lichtes oft Fehler, d.h. sie schrieben unabsichtlich falsche Buchstaben oder Buchstabenreste ab. Allzu fragmentarische Zeilen wurden von den *Disegnatori* oft vollständig ignoriert. Warum sind diese alten *Disegni* heute noch von Relevanz, wenn der Papyrus noch erhalten ist? Die Herkulanischen Papyri sind mit einem verkohlten Stück Papier vergleichbar, welches langsam in Asche zerfällt und verbleicht. So sind auch die Papyri in den letzten 250 Jahren immer weiter zerbröselt, ausgeblasst und zerfallen, teils durch unsachgerechte Behandlung, gerade in den frühen Jahren, teils durch „natürliche Verschleißerscheinungen". Auch heute erkennt man in den Schatullen der *cornici* und am Rand der *cornici* die Ansammlung kleiner Ascheparti-kel, wenn man die Papyri nach einigen Stunden der Arbeit in der *Officina dei papiri* zurücklegt. Man weiß nicht, von welchem Teil des Papyrus diese Partikel stammen oder wann sie sich gebildet haben, aber mit dem epikureischen Bilde des Lukrez „Steter Tropfen höhlt den Stein"[74] ist schlechterdings festzuhalten, dass die Herkulanischen Papyri langsam, aber unaufhaltsam zerfallen und (mit

---

74 Lukrez, *De rerum natura* 1,313: *stilicidi casus lapidem cavat*, ... (OCT Bailey).

dem Bilde aus Genesis) „zum Staub zurückkehren". Dieser Prozess führt nun nicht innerhalb von Jahren oder Jahrzehnten zur Vernichtung kompletter Papyri, aber ihr Erhaltungszustand macht sie für den unbarmherzigen Zahn der Zeit anfälliger als vertrocknete ägyptische Papyri. Daneben sind die *Disegni* oft auch die einzigen Zeugen für den Text, wenn der Papyrus im Zuge der *scorzatura* weggekratzt, d.h. gänzlich zerstört wurde (vgl. 4.1).

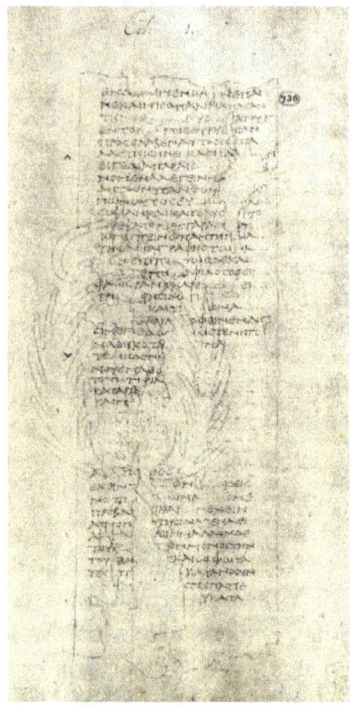 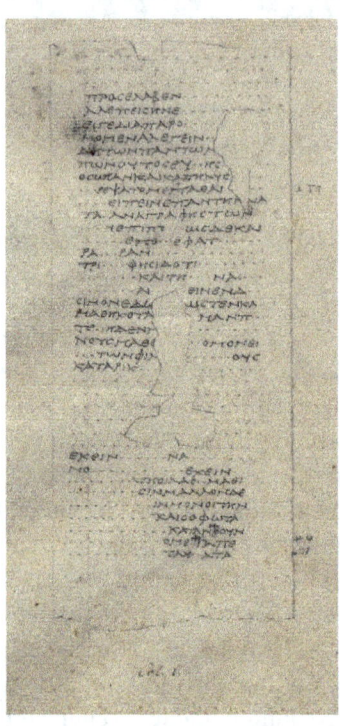

Abb. 22: *Oxforder Disegno*   **Abb. 23:** *Neapolitanisches Disegno*
Jeweils Philodem, Index Academicorum (PHerc. 1021), Kol. 1

Viele Papyri wurden in zwei Ausführungen von *Disegni* abgezeichnet, die nach ihren heutigen Aufbewahrungsorten *Oxforder Disegni* (O) und *Neapolitanische Disegni* (N) genannt werden. Der geschichtliche Hintergrund ist folgender: Als die bourbonische Königsfamilie 1806 zum zweiten Mal gen Palermo floh und ihr auch John Hayter dorthin folgte (zur ersten Flucht siehe 4.2), nahm er zwar nicht die Papyri, aber sämtliche bis zu diesem Zeitpunkt getätigten Abzeichnungen der Papyri mit. Auf Betreiben von William Drummond gelangten die

Abzeichnungen schließlich nach England und wurden 1811 von Prinz Georg der Universität Oxford geschenkt,[75] wo sie noch heute lagern und daher *Oxforder Disegni* genannt werden. In Italien war man „not amused" und musste von den aufgerollten Papyri erneut Abzeichnungen anfertigen. Ferner wurden auch von den in den Jahren nach Hayters Wirken entrollten Papryi normalerweise *Disegni* erstellt. All diese *Disegni* nennt man *Neapolitanischen Disegni*, da sie noch heute in der *Biblioteca Nazionale di Napoli* (BNN) aufbewahrt werden. Folglich existieren für die meisten der bis 1806 aufgerollten Papyri zwei Ausführungen von *Disegni*, die *Oxforder Disegni* (O) und die *Neapolitanischen Disegni* (N), welche übrigens alle von (mitunter denselben) Italienern angefertigt wurden. Manche Papyri wurden auch aus teils unerfindlichen Gründen mehrmals abgezeichnet. Die *Neapolitanischen Disegni* sind oft von minderer Qualität als die *Oxforder Disegni*, da letztere zu einer Zeit entstanden, da die Papyri noch weniger beschädigt waren, wobei offenbar auch finanzielle Anreize und die Kontrolle der Arbeit eine Rolle spielten.

---

[75] John Hayter hegte in Sizilien kaum noch Interesse für die Veröffentlichung der Papyri und sorgte mit privaten Verfehlungen für solchen Unmut, dass er 1809 nach England zurückberufen wurde. Zu Hayter in der Officina siehe Francesca Longo Auricchio, „John Hayter nella Officina dei Papiri Ercolanesi," in *Contributi alla storia della officina dei Papiri Ercolanesi* (hg. von Marcello Gigante; Neapel, 1980), (159–215).

7 Publikation der Abzeichnungen, Kritische Textausgaben und *Officina dei papiri*

O ye who patiently explore / the wreck of Herculanean lore / what rapture, could you seize / some Theban fragment, or unroll/ one precious tender-hearted scroll /of pure Simonides.
William Wordsworth (1819)

7.1 Collectio prior

Für die Publikation der Funde aus Herkulaneum und Pompeji wurde 1755 auf Initiative von König Karl III. und seinem Staatssekretär Bernardo Tanucci die sogenannte *Accademia Ercolanese* aus der Taufe gehoben, welcher anfangs 15 (philologische) Gelehrte angehörten. In den ersten Jahrzehnten wurden die Papyri hintangestellt und stattdessen mehrere Bände mit Abzeichnungen von Wandmalereien, Statuen und anderen antiken Gegenständen veröffentlicht, welche zuvor nur durch mehr oder weniger illegale „Raubabzeichnungen" – der König beanspruchte die exklusive Erstpublikation aller Altertümer – in Europa bekannt waren.[76] Nach einer Krise und Neugründung der Gesellschaft erschien 1793, insbesondere auf Betreiben Piaggios, endlich der lang ersehnte erste Band der Reihe *Herculanensium voluminum quae supersunt* (die sogenannte *collectio prior*). Die aufwendige Präsentation der Papyri und ihrer Transkription war für jene Zeit sehr beeindruckend. Auf der linken Seite der Bände wurden sorgfältig überprüfte Kupferstiche der *Disegni* abgedruckt, während auf der rechten Seite in der ersten Spalte der transkribierte griechische Text mit den ergänzten Buchstaben/Wörtern in roter Farbe zu lesen war und in der zweiten Spalte eine lateinische Übersetzung desselben stand. Anschließend folgte ein Kommentar. Bis 1855 wurden in dieser Form gerade einmal 19, allerdings recht umfangreiche bzw. gut erhaltene Papyri in 11 Bänden herausgegeben. Der bereits erwähnte Bischof und Philologe Carlo Maria Rosini (1748–1836) (s. 2.2) war (Mit)Herausgeber der ersten beiden Bände. Weitere mit diesen „Monumentalbänden" verbundene Namen sind in der Anfangszeit Pasquale Baffi, Andrea Federici und in

---

76 Die *Antichità di Ercolano esposte*, welche auch Pompeji einschlossen, erschienen zwischen 1757 und 1792 in acht Bänden und wurden schnell rezipiert. Manche Zeichnungen wurden in schlichterer (kostengünstiger) Form in diversen Schriften publiziert, vgl. Richter, „Herculaneum im Norden" (wie Anm. 26). Zur Kulturpolitik jener Zeit siehe Pablo Vásquez-Gestal, „Printing Antiquities: Herculaneum and the Cultural Politics of the Two Sicilies (1738-59)," in Lapatin (Hg.), *Buried by Vesuvius* (wie Anm. 5), (37–46).

der Zeit nach Rosini – teils als Leiter der *Officina* – Angelo Antonio Scotti (1786–1845), Antonio Ottaviano (1766–1848), Giuseppe Genovesi (1792–1854) und Bernardo Quaranta (1796–1867).[77] Trotz manch späterer Kritik am philologischen Vorgehen dieser „Accademici Ercolanesi" sind die für papyrologisch-philologische Editionen wegweisenden Ansätze doch zu würdigen, zumal man sich in Erinnerung rufen muss, dass diese Ausgaben noch vor den großen Papyrusfunden in Ägypten erstellt wurden. Mit einigem Recht können diese frühen Herausgeber daher als Pioniere und Begründer der Disziplin Papyrologie gelten, als Herkulanische „Ur-Papyrologen" (vgl. 3.3).[78] Auf Grundlage der *collectio prior* entstanden auch einige (alternative) philologische Editionen der Texte.[79] Am Rande ist zu vermerken, dass 1824/1825 die Abzeichnungen einiger *Oxforder Disegni* in England veröffentlicht wurden.[80]

7.2 Collectio altera

So optisch ansprechend und praktisch die Kombination von Abbildungen und Edition in diesen ersten Bänden auch gewesen sein mochte, war das Tempo der Veröffentlichung in Anbetracht der Gesamtzahl der schon aufgewickelten Papyri doch inakzeptabel langsam. *Disegni* im vierstelligen Bereich lagerten nach Erscheinen des letzten Bandes der *collectio prior* noch unveröffentlicht in der *Officina*. Mit der Einheit Italiens wurde auch die Arbeit in der *Officina* umstrukturiert und beschlossen, nur noch die *Disegni* ohne eigentliche Edition in Bänden abzudrucken, um sie so der Gelehrtenwelt schneller zugänglich zu machen, welche dann philologische Editionen erstellen sollte. Zwischen 1862 und 1876 erschien folglich die sogenannte *collectio altera*: 11 Bände mit über 2000 Seiten von Reproduktionen der *Neapolitanischen Disegni*, welche 176 verschiedene Papyri (Papyrusnummern) umfassten. Giulio Minervini (1819–1891), Giuseppe Fiorelli (1823–1896), Felice Barnabei (1842–1922) und Giulio de Petra (1841–

---

77 Die Veröffentlichungen der Bände der *collectio prior*: I (1793), II (1809), III (1827), IV (1832), V (1835), VI (1839), VII (1843), VIII (1844), IX (1848), X (1850), XI (1855).
78 Marcello Gigante, „Per l' unità della scienza papirologica," in *Atti del XVII Congresso Internazionale di Papirologia (Band 1)* (hg. von Marcello Gigante; Neapel, 1984), (5–28); James Keenan, „The History of the Discipline," in Bagnall, *Handbook of Papyrology* (wie Anm. 14), (59–78), 59–61. Natürlich wurden im späten 18. und frühen 19. Jahrhundert schon vereinzelte Papyrusfunde in Ägypten gemacht, etwa die *Charta Borgiania* und die *Papyri Graeci regii Musei Taurinensis*.
79 Vgl. Longo Auricchio et al., *La villa* (wie Anm. 5), 88–92, 96.
80 (Academia Oxoniensis), *Herculanensia volumina* (2 Bände) (Oxford, 1824/1825).

1925) fungierten als Herausgeber, wobei auch Domenico Comparetti (1835–1927) seinen Anteil an der Publikation hatte.[81]

7.3 Die kritischen Ausgaben und Studien im 19. und 20. Jahrhundert

Das philologische Europa nahm diesen Schatz an neuen antiken Texten dankend entgegen.[82] Allen voran in Deutschland entwickelte sich eine rege Herausgebertätigkeit mit vertieften Studien der Herkulanischen Papyri. Neben Leonhard Spengel[83] seien exemplarisch Theodor Gomperz, Siegfried Sudhaus (*De rhetorica*), Christian Jensen (*De oeconomia, De superbia*), Karl Wilke (*De contemptu, De ira*), Hermann Diels (*De dis*) und auch der unerreichte Ulrich von Wilamowitz-Moellendorff (nicht zuletzt Beiträge zum *Index Academicorum*) herausgegriffen.[84] Durch ihre Ausgaben – viele in der *Teubneriana* – verhalfen

---

81 Salvatore Cerasuolo, Due protagonisti e un comprimario dell' antichistica italiana del secolo XIX. I carteggi Comparetti-Fiorelli-Barnabei (Messina, 2003); vgl. Longo et al., La villa (wie Anm. 5), 92–95. Zur *collectio altera* siehe insbesondere Agnese Travaglione, „Incisori e curatori della Collectio Altera. Il contributo delle prove di stampa alla storia dei Papiri Ercolanesi," in Contributi alla Storia della Officina dei Papiri Ercolanesi 3 (hg. von Mario Capasso; Neapel, 2003): (87–156).
82 Vgl. Enzo Puglia, „L'Officina dei papiri ercolanesi dai Borboni allo Stato unitario," in *Contributi alla storia della Officina dei papiri ercolanesi* (hg. von Marcello Gigante, Rom, 1986): (99–130), 125–126.
83 Leonhard Spengel, „Die Herculanensischen Rollen," *Philologus suppl. II* (1863): (493–548). In dieser wichtigen Rezension des ersten Bandes der *collectio altera* hebt er die Bedeutung der Papyri hervor (Fokus auf *Index Academicorum*).
84 Gomperz verfasste viele kleinere Beiträge und Vorarbeiten, besonders für Meklers Ausgabe des *Index Academicorum*. Für eine Würdigung siehe Tiziano Dorandi, „Theodor Gomperz (1832–1912)," in *Hermae. Scholars and Scholarship in Papyrology (I)* (hg. von Mario Capasso; Pisa, 2007), (29–43); Hermann Diels, *Philodemos Über die Götter, Erstes Buch* (Berlin, 1916); Siegfried Sudhaus, *Philodemi Volumina Rhetorica I* (Leipzig, 1892); Siegfried Sudhaus, *Philodemi Volumina Rhetorica II* (Leipzig, 1896); Karl Wilke, *Polystrati Epicurei Περὶ ἀλόγου καταφρονήσεως libellus* (Leipzig, 1905); Karl Wilke, *Philodemi De Ira* (Leipzig, 1914); Christian Jensen, *Philodemi περὶ οἰκονομίας qui dicitur libellus* (Leipzig 1907); Christian Jensen, *Philodemi περὶ κακιῶν liber decimus* (Leipzig, 1911). Schon Ulrich von Wilamowitz-Moellendorff, *Antigonos von Karystos* (Berlin, 1881) ging näher auf Passagen im *Index Academicorum* ein, half Mekler bei dessen Ausgabe und widmete dem Papyrus nochmals in Ulrich von Wilamowitz-Moellendorff, „Lesefrüchte," *Hermes* 45 (1910): (387–417) einige Passagen. Darüber hinaus profitierten auch viele andere Herkulanische Editionen von seinen Arbeiten. Ferner wären zum Beispiel noch Büchelers (1869) und Meklers (1902) Ausgaben des *Index Academicorum* zu nennen (siehe 15.1). Diese Aufzählung ist keineswegs erschöpfend.

diese Philologen den Herkulanischen Papyri zu noch größerer Aufmerksamkeit. Um 1890 wurden auch die *Oxforder Disegni* gleichsam neuentdeckt, indem einige umfangreiche Photographie-Bände hergestellt und an diverse Bibliotheken in Europa verschickt wurden.[85] Die philologische Diskussion und Arbeit an den Papyri erreichte bis dato ungeahnte Höhen und markiert eine bemerkenswerte Fußnote in der großen Zeit der „Deutschen Philologie". Auch nach dem Ersten Weltkrieg widmete man sich noch Philodem und den Papyri aus Herkulaneum, aber das Interesse flaute merklich ab,[86] gewiss auch weil die „ägyptische Konkurrenz" immer mehr Aufmerksamkeit abzog, thematisch vielfältiger war und die Herkulanischen Papyri als fast erschöpft gewähnt wurden. Eine gesonderte Erwähnung verdient Hermann Usener, der für seine epochalen *Epicurea* (1887) und sein posthum veröffentlichtes *Glossarium Epicureum* (1977) mehrmals in Neapel weilte und die Papyri am Original studierte.[87] Auch andere deutsche Gelehrte reisten in den Jahren vor und nach 1900 gen Neapel, um die vom Vesuv verkohlten Rollen mit eigenen Augen zu inspizieren,[88] unter ihnen Wilhelm Crönert, dessen *Memoria Graeca Herculanensis* (1903) und *Kolotes und Menedemos* (1906) Meilensteine dieser Forschungsepoche darstellen, insofern sie die Herkulanische Sammlung anders als manch hervorragende Einzelausgabe in ihrer ganzen Breite und übergeordneten Aspekten erschlossen.[89]

Auf italienischer Seite sticht für die zweite Hälfte des 19. Jahrhunderts zunächst die umfangreiche Gesamtdarstellung *La Villa ercolanese dei Pisoni: I suoi monumenti e la sua biblioteca* (1883) von Comparetti und De Petra hervor, welche den damaligen Forschungsstand zu den Papyri und der Archäologie der Villa rekapitulieren und auch mit dem ersten „modernen" Katalog der Papyri (mit Inventarnummern, besorgt von Emidio Martini) aufwarten. Meriten um die Papyri und um die „Geschichte der *Officina*" hat sich ferner Domenico Bassi

---

[85] Die Fotografien wurden auf Betreiben der Oxford Philological Society gemacht. Wilhelm Crönert, „Die Überlieferung des Index Academicorum," *Hermes* 38 (1903): (357–405), 83 (Anm. 3) erwähnt diese Fotografien und sechs ihm bekannte Standorte. Einer der Bände mit den Fotografien ist heute etwa noch in der *Bodleian Library* in Oxford aufbewahrt.
[86] Erwähnung verdient das bis heute nicht überarbeitete Philodem-Wörterbuch: Cornelis Vooys, *Lexicon Philodemeum, Pars Prior* (Purmerend, 1934); Cornelis Vooys, *Lexicon Philodemeum. Pars Altera* (mit D.A. van Krevelen), (Amsterdam, 1941).
[87] Vgl. Hermann Usener, *Epicurea* (Leipzig, 1887); Hermann Usener, *Glossarium Epicureum* (hg. von M. Gigante und W. Schmid; Rom, 1977).
[88] Neben Crönert (siehe Anm. 84) kamen etwa auch Sudhaus und Mekler für ihre Ausgaben nach Neapel.
[89] Zur deutschen Forschung an den Herkulanischen Papyri siehe den Überblick bei Marcello Gigante, *La Germania e i papiri ercolanesi* (Heidelberg, 1988). Wilhelm Crönert, *Memoria Graeca Herculanensis* (Leipzig, 1903) und Wilhelm Crönert, *Kolotes und Menedemos* (Leipzig, 1906).

verdient, der von 1906 bis 1926 als deren Leiter fungierte. In seiner Amtszeit fand 1925 der letzte Ortswechsel der Herkulanischen Sammlung statt, vom *Museo Archeologico Nazionale* hin zu einer besonderen Sektion in der *Biblioteca Nazionale di Napoli* im *Palazzo Reale*. Bassi war 1914 Herausgeber des ersten und einzigen Bandes der *collectio tertia*, in welcher ähnlich wie in der *collectio prior* wieder Ausgabe und Abbildungen gekoppelt waren. Erstmalig wurden für diesen Band (relativ gute) Fotografien zweier Papyri gemacht. Von 1900 bis etwa 1950 sind unter den Italienern zuvörderst Alessandro Olivieri, Achille Vogliano, Vittorio de Falco (Ausgabe der Papyri des Demetrius Laco) und Raffaele Cantarella zu nennen; Francesco Sbordone (1911–1983) wirkte noch über diese Zeit hinaus.[90]

7.4 Die Zeit nach 1970 – Neue Blüte

Nach dem Ende des Zweiten Weltkriegs (und schon in der Zeit zuvor) kam die Arbeit an den Papyri fast völlig zum Erliegen. Erst ab 1969 erlebte die Forschung an den Papyri mit Gründung des *CISPE* (*Centro Internazionale per lo studio dei papiri Ercolanesi*) unter Marcello Gigante (1923–2001) eine erneute Blüte.[91] Der umtriebige Gigante wurde gleichsam zum *renovator papyrologiae Herculanensis* und das *CISPE* trägt heute nicht unverdient seinen Namen.[92] Seit nunmehr 50 Jahren erscheint jährlich ohne Unterbrechung die von ihm initiierte Zeitschrift *Cronache Ercolanesi*, in die sowohl kleinere als auch größere Textausgaben/Neueditionen Herkulanischer Papyri und mit ihnen verbundene Artikel aufgenommen sind, etwa zum Epikureismus, zu Diogenes von Oinoanda,[93] zur Geschichte der *Officina*, neuen Ausgrabungen in Herkulaneum und der Villa.

---

90 Alessandro Olivieri, Philodemi περὶ παρρησίας libellus (Leipzig, 1914); Vittorio De Falco, *L'epicureo Demetrio Lacone* (Neapel, 1923); Achille Vogliano, *Epicuri et Epicureorum scripta in Herculanensibus papyris servata* (Berlin, 1928). Cantarella war von 1929–1938 Leiter der Officina.
91 Vgl. Delattre, *rouleaux d' Herculanum* (wie Anm. 5), 109.
92 Offizieller Name: Centro Internazionale per lo Studio dei Papiri Ercolanesi „Marcello Gigante".
93 Um diese größte Inschrift der antiken Welt mit epikureischen Texten haben sich insbesondere Martin Smith und Jürgen Hammerstaedt verdient gemacht, vgl. Martin Smith, *Diogenes of Oinoanda: The Epicurean inscription* (Neapel, 1993); Martin Smith, *Diogenes of Oinoanda: The Epicurean inscription – supplement* (Neapel, 2003); Jürgen Hammerstaedt und Martin Smith, *The Epicurean Inscription of Diogenes of Oinoanda. New discoveries and research* (Bonn, 2014).

Überdies erscheinen in der monographischen Reihe *Scuola di Epicuro*[94] neue Texteditionen, gestützt auf erstmalige oder gründlichere Autopsie, die auch mit immer besseren Mikroskopen vorgenommen wurde. Die Ausgaben der Reihe wurden modernen, papyrologischen Standards angepasst bzw. definierten diese für die Herkulanische Papyrologie bis zu einem gewissen Grad. Die Texte der Papyri wurden als Fließtext – nicht in Kolumnenform – mit anschließender Übersetzung und Kommentar sowie Index präsentiert. Die meist recht umfassenden papyrologischen Einführungen und Einordnungen sind ein weiteres Markenzeichen der Reihe. Trotz beinahe obligatorischer Autopsie der Papyri war es bis etwa ins Jahr 2000 nicht unüblich, recht viel mit den *Disegni* zu arbeiten und das Original nur bei Problemen für besondere Passagen zu prüfen, da sich das Lesen der Papyri weiterhin schwer und ermüdend gestaltete und die *Disegni* in vielen Passagen (vermeintlich) besseren Text als das Original boten – in jedem Fall waren sie für die Augen angenehmer zu lesen.[95] Der Wert, den man den *Disegni* zumaß, manifestiert sich auch darin, dass die Editoren in den Textausgaben nicht unterschieden, ob ein Buchstabe nur im *Disegno* oder Original erhalten ist. Gigante vermochte es, durch viele Kongresse internationale, interdisziplinäre Aufmerksamkeit für die Papyri zu generieren und die Herkulanische Papyrologie als integralen Bestanteil der Papyrologie und Klassischen

---

94 Bis zum Jahr 2000 erschienen 17 Bände: Philip De Lacy und Estelle De Lacy, *Philodemus, On Methods of Inference* (Neapel, 1978); Giovanni Indelli, *Polistrato, Sul disprezzo irrazionale delle opinioni popolari* (Neapel, 1978); Tiziano Dorandi, *Filodemo, Il buon re secondo Omero* (Neapel, 1982); Annemarie Neubecker, *Philodemus, Über die Musik IV. Buch* (Neapel, 1986); Giovanni Indelli, *Filodemo, L'ira* (Neapel, 1988); Francesca Longo Auricchio, *Ermarco, Frammenti* (Neapel, 1988); Anna Angeli, *Filodemo, Agli amici di scuola* (Neapel, 1988); Enzo Puglia, *Demetrio Lacone, Aporie testuali ed esegetiche in Epicuro* (Neapel, 1988); Constantina Romeo, *Demetrio Lacone, La poesia* (Neapel, 1988); Mario Capasso, *Carneisco, Il secondo libro del 'Filista'* (Neapel, 1988); Adele Tepedino Guerra, *Polieno, Frammenti* (Neapel, 1991); Tiziano Dorandi, *Filodemo, La storia dei filosofi. Platone e l'Accademia* (Neapel, 1991); Eduardo Acosta Méndez und Anna Angeli, *Filodemo, Testimonianze su Socrate* (Neapel, 1992); Cecilia Mangoni, *Filodemo, Il Quinto libro della poetica* (Neapel, 1993); Giovanni Indelli und Voula Tsouna-McKirahan, *Philodemus, On Choices and Avoidances* (Neapel, 1995); Cesira Militello, *Filodemo, Memorie epicuree* (Neapel, 1997); Mariacarolina Santoro, *Demetrio Lacone, La forma del dio* (Neapel, 2000). Als „Vorläufer" bzw. Ergänzung zur *Scuola di Epicuro* sind die im Layout der *collectio prior* ähnlichen, von Francesco Sbordone herausgegebenen „Ricerche sui papiri Ercolanesi" (3 Bände) zu nennen, insbesondere die Neuausgabe der ersten beiden Bücher von Philodems *De rhetorica* durch Longo Auricchio: Francesca Longo Auricchio, *Philodemi rhetorica liber primus et secundus*, in *Ricerche sui papiri Ercolanesi* (hg. von Francesco Sbordone; Neapel, 1977).
95 David Blank, „The Life of Antiochus of Ascalon in Philodemus' History of the Academy and a Tale of Two Letters," *ZPE* 162 (2007): (87–93), 93 vermerkt diesen Umstand recht treffend (siehe das Zitat in 10.1).

Philologie zu verankern, etwa auch durch den Internationalen Papyrologenkongress 1982 in Neapel.

Als wichtiges Arbeitsmittel des letzten Viertels des 20. Jahrhunderts ist etwa Gigantes aktualisiertes Inventar der Papyri hervorzuheben (*Catalogo dei papiri ercolanesi*),[96] welches nach zwei Supplementen von Agnese Travaglione (2008) in modifizierter Form herausgegeben wurde (*Catalogo descrittivo dei papiri Ercolanesi*).[97] Das Referenzwerk für paläographische Fragen zu den Papyri ist Guglielmo Cavallos *Libri scritture scribe a Ercolano*;[98] als erste echte Einleitung zur Herkulanischen Papyrologie erschien Capassos Manuale di Papirologia Ercolanese. Natürlich aufs Engste mit den Herkulanischen Papyri verbunden ist Graziano Arrighettis Fragmentsammlung zu Epikur.[99] Auch Gigantes Einführung zu Philodem und seinem Werk sei nicht unerwähnt, ebenso wie Michael Erlers Epikureismus-Band im *Überweg*, welcher einen profunden Überblick über die Forschung bis 1994 und den Inhalt der epikureischen Schriften gibt.[100]

Abb. 24 und **25**: *Officina dei papiri* in Neapel – Arbeitsraum und Inschrift über Portal

---

96 Marcello Gigante, *Catalogo dei papiri ercolanesi* (Neapel, 1991).
97 Travaglione, *Catalogo descrittivo* (wie Anm. 58). Supplemente: Mario Capasso, „Primo Supplemento al Catalogo dei Papiri Ercolanesi," *CErc* 19 (1989): (193–264); Gianluca Del Mastro, „Secondo Supplemento *al* Catalogo dei Papiri Ercolanesi," *CErc* 30 (2000): (157–241).
98 Cavallo, *Libri scritture scribe* (wie Anm. 65).
99 Graziano Arrighetti, *Epicuro. Opere* (Turin, 1973²) mit italienischer Übersetzung.
100 Marcello Gigante, *Philodemus in Italy: The Books from Herculaneum* (übersetzt von Dirk Obbink) (Ann Arbor, 1995); Erler, *Epikur* (wie Anm. 5). Eine aktualisierte Version des Überweg-Bandes soll in den nächsten Jahren erscheinen.

7.5 Die *Officina dei papiri* – eine ungewöhnliche Werkstatt

Die Arbeiten an den Papyri sind letztlich seit ihrer Entdeckung mit der *Officina dei papiri*, der „Papyruswerkstatt", verknüpft. Der eigentümliche Name bezeichnet eigentlich nur den Verwahrort der Papyri, an welchem auch „gewerkelt" wird, d.h. wo die Papyri entrollt wurden (und werden – siehe 11), auf *cornici* geklebt (umgeklebt) wurden, abgezeichnet (später fotografiert) und katalogisiert wurden (werden) und wo Gelehrte (auf Anfrage) an diesen Papyri arbeiten konnten und können. Die Papyri wurden zunächst im Museum in Portici verwahrt (1752–1806), dann im *Museo Archeologico Nazionale* (1806–1925) und befinden sich gegenwärtig in einer Sektion der *Biblioteca Nazionale di Napoli* (BNN) im *Palazzo Reale* (1925 bis heute). Die Leitung der *Officina* war zu verschiedenen Zeiten unter verschiedenen Überorganisationen in verschiedenem Grade institutionalisiert.[101] Von 2018 bis 2021 war Fabrizio Diozzi Leiter der *Officina* (vollständiger Name: *Officina dei papiri Ercolanesi*), welcher mehreren (nicht papyrologisch arbeitenden) Vollzeit-Mitarbeitern vorgesetzt ist. Diese erledigen verschiedene mit den Papyri verbundene Aufgaben und holen diese etwa auch für Gelehrte aus den Schränken zweier größerer Aufbewahrungsräume. Im Lesesaal stehen Mikroskope, Literatur sowie einige nützliche Materialien (etwa Lineale für Messungen, etc.) zur Verfügung; CD-Roms mit den Multispektralbildern, die *Neapolitanischen Disegni*, Archivmaterial und andere Dokumente befinden sich in Nebenräumen.[102]

---

101 Zur Geschichte der Officina siehe etwa Guerriera Guerrieri, *L'Officina dei Papiri Ercolanesi dal 1752 al 1952*, I Papiri Ercolanesi I (Neapel, 1954), 5–42 und die Bände der „Reihe" mit dem Titel „contributi alla storia dell'Officina dei papiri ercolanesi" sowie etliche, kleinere Einzelbeiträge.
102 Die Officina ist wochentags neuerdings länger geöffnet, von 8:30 bis 15:00 Uhr (früher 13:30). Man betritt sie über den Haupteingang der Bibliothek und muss zunächst einen sehr langen, wunderschönen Weg durch mehrere Räume und Etagen des *Palazzo Reale* (der Bibliothek) zurücklegen, bis man bei den Papyri ankommt.

8 Die drei großen Meta-Fragen der Herkulanischen Papyrologie

> ... ἐπιτομὴν τῆς ὅλης πραγματείας εἰς τὸ κατασχεῖν τῶν ὁλοσχερωτάτων γε δοξῶν τὴν μνήμην ἱκανῶς αὐτὸς παρεσκεύασα ...
>
> Epikur, *Herodotbrief* (D.L. 10,35)

Nun kristallisierten sich in den letzten zwei Jahrzehnten einige Dauerfragen oder übergeordnete Punkte der Herkulanischen Papyrologie heraus, welche ich hier erstmals *expressis verbis* als die drei großen „Meta-Fragen" kategorisieren und zusammenfassen will.

1. Soll weiter in der Villa gegraben und ggf. gezielt nach weiteren Rollen gesucht werden?

Wie sollte dies geschehen? Ist eine lateinische und nicht-epikureische (griechische) Sektion der Bibliothek womöglich noch unentdeckt?

2. Welches textuelle Potential haben die schon geöffneten Papyri durch die Anwendung neuer Bildgebungsverfahren?

Wie defizitär sind ältere Ausgaben? Welche modernen Bildgebungsverfahren zum Lesen aufgerollter Papyri wurden und werden angewandt? Wie viele Papyri sind schon geöffnet, wurden aber noch niemals ediert?

3. Kann man die hunderte Rollen und Rollenteile, welche heute noch unaufgewickelt in der Sammlung liegen, mit modernen Techniken öffnen oder ihren Text lesbar machen?

Wenn ja, mit welchen Methoden und bis wann? Ist die Menge an noch unaufgewickeltem Text genauer quantifizierbar?

9 Zur ersten Meta-Frage: Künftige Grabungen in der Villa und neue Papyri

Ein weiser Mann, der sich nicht brauchen lässt, und ein vergrabener Schatz – wozu sind die beiden nütze?

Jesus Sirach 20,32

9.1 Zweite Wiederentdeckung der Villa 1986 und anschließende Ausgrabungen

Schon im 19. Jahrhundert wurden Teile Herkulaneums unter freiem Himmel ausgegraben, aber erst unter der Leitung des Archäologen Amadeo Maiuri (1924–1961) wurde das Areal der Kleinstadt großflächig freigelegt.[103] Die Ortschaft über den Ausgrabungen heißt seit 1969 „Ercolano", was „Resina" als Namen ablöste. Besonders sind Ausgrabungen im Gebiet des antiken Hafengeländes von Herkulaneum zu erwähnen, bei denen 1982 auch die berühmten 250 Skelette in den Bootshäusern gefunden wurden. Bis dahin hatte man angenommen, dass fast alle Bewohner Herkulaneums rechtzeitig fliehen konnten.[104]

Marcello Gigante formulierte leicht verklausuliert im ersten Band der *Cronache Ercolanesi* 1971 den Wunsch nach erneuten Grabungen in der Villa dei papiri.[105] Nach Machbarkeitsstudien und Diskussionen zur Herangehensweise wurde die Villa, deren exakte Lokalisation beinahe in Vergessenheit geraten war, 1986 im Nordwesten Herkulaneums wiederentdeckt. Dabei bediente man sich alter Stollen und Schächte aus der Zeit der Bourbonischen Ausgrabungen (3.1). Erst zwischen 1994 und 1998 wurden Teile der Villa dei papiri unter freiem Himmel ergraben, vornehmlich das Atrium und angrenzende Räume. Diese erste Phase der Wiederentdeckung („Scavi Nuovi") ist besonders mit Antonio de

---

103 Vgl. Guidobaldi, „Schatzgräber und Archäologen" (wie Anm. 23), 21–22.
104 Luigi Capasso/Antonietta Di Fabrizio/Elisabetta Michetti/Ruggero D' Anastasio, „Die Flüchtlinge am Strand. Die Untersuchungen der Skelette aus den Bootshäusern," in Mühlenbrock und Richter (Hgg.), *Verschüttet vom Vesuv* (wie Anm. 23), (45–55).
105 Marcello Gigante, „Premessa," *CErc* 1 (1971): (5). Eine interessante Randnotiz ist übrigens, dass Jean Paul Getty (s. 3.2) selbst erwog, sich finanziell bei erneuten Grabungen zu engagieren, aber der Bau der Getty-Villa bereits zu viele Gelder verschlungen hatte, vgl. Longo Auricchio et al., *La villa* (wie Anm. 5), 40.

Simone verbunden.[106] Ein zentrales Ergebnis dieser und folgender Grabungen unter Maria Paola Guidobaldi und Domenico Esposito (2007–2008) war,[107] dass unter dem „Erdgeschoss", d.h. der Ebene, welche die eigentliche Villa auf Webers Plan darstellt, noch mindestens zwei Etagen als Unterbau konstruiert waren, von denen die erste untere Etage im Bereich des Atriums offenbar als echte Wohnetage ausgestaltet war. Auch im Eingangsbereich der Villa fand man weitere Gebäudestrukturen, etwa ein „Schwimmbad". Das Anwesen war teils in den Hang gebaut und die unteren, stützenden Etagen wohl dementsprechend angepasst. Die Villa dei papiri war somit noch weitaus ausladender (insbesondere hinsichtlich der Höhe) als bisher angenommen, was für die Frage nach möglicherweise unentdeckten Papyri verheißungsvoll ist.[108] Sollte man wirklich bei Beginn der Eruption versucht haben, Bücher in Sicherheit zu bringen, wäre es eigentlich naheliegend gewesen, sie vor dem Ascheregen oder bodennahem Nebelrauch in die unteren Etagen zu tragen. Desungeachtet steht zu vermuten, dass in den unteren Etagen weitere Rollen – seien es dokumentarische Papyri, das „Archiv" des (der) Villenbesitzer oder weitere literarische Papyri – deponiert waren. Bei den neuen Grabungen stieß man noch nicht in die Bereiche vor, wo vor etwa 250 Jahren die meisten Papyri gefunden wurden. Allerdings sind diese Bereiche teils durch Stollen zugänglich. Hinter der „Stanza V", wo Philodems Bibliothek gefunden wurde, liegen noch einige Räume, die von Weber kaum erschlossen wurden. Viele dieser Räume sind heute nur wenige Meter von dem schon ausgegrabenen Areal entfernt.

---

106 Für eine Übersicht zur zweiten „Wiederentdeckung" und den wichtigsten archäologischen Ergebnissen siehe Antonio de Simone, „Rediscovering the Villa of the Papyri," in Zarmakoupi (Hg.), *The Villa* (wie Anm. 5), (1–20).
107 Maria Guidobaldi und Domenico Esposito, „New Archaeological Research at the Villa of the Papyri in Herculaneum," in Zarmakoupi (Hg.), *The Villa* (wie Anm. 5), (21–62).
108 Siehe zu den Ergebnissen der jüngeren Grabungen etwa kompakt Domenico Camardo, „Recent Excavations in the Villa dei Papiri: 1990s–2008," in Lapatin (Hg.), *Buried by Vesuvius* (wie Anm. 5), (105–113).

Zweite Wiederentdeckung der Villa 1986 und anschließende Ausgrabungen — 49

Abb. 26: Ausgrabungen

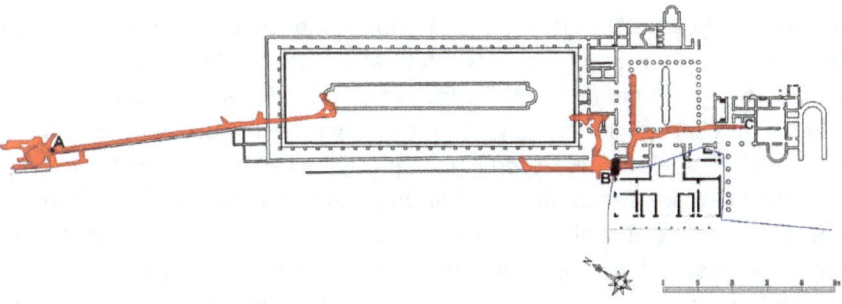

Abb. 27: Villenplan. Die blaue Linie markiert den Ausgrabungsbereich „sub caelo", während die roten Linien alte Stollen anzeigen. In dem mit „C" markierten Raum wurde Philodems Bibliothek gefunden.

9.2 Künftige Grabungen mit Suche nach Papyri?

Es ist eine mitunter hitzig debattierte Frage zwischen Philologen/Papyrologen und Archäologen, ob weiter in der Villa mit der (Neben)Intention neuer Papyrusfunde gegraben werden sollte. Viele Archäologen sind skeptisch und verweisen auf die ohnehin schon zahlreichen ausgegrabenen, zu konservierenden Gebäude in Herkulaneum. Aus nachvollziehbaren methodischen Grundsätzen hegen sie eine natürliche Abneigung gegen jedwede Form von gezielter „Schatzsuche". Standardmäßig graben Archäologen schichtenweise von oben nach unten, was aber im Falle der Villa wegen der besonderen Lage und der Verschüttungsverhältnisse kaum möglich ist. Jedoch steht diesem Aspekt mildernd entgegen, dass aufgrund der vulkanischen Überschüttungswellen in den oberen Schichten ohnehin nicht mit irgendwelchen (antiken) Gegenständen zu rechnen wäre. Auch liegen heute größere Teile der Villa nicht über bewohntem Gebiet von Ercolano, was für etwaige Grabungen von Vorteil wäre.

Die meisten Philologen können die Argumente der Archäologen nachvollziehen, erinnern aber an das große Potential für neue Papyrusfunde und deren weitreichende Bedeutung, derweil niemand negiert, dass die Frage noch unentdeckter Papyri auch mit vielen Unsicherheiten behaftet ist: Vom Fund keiner oder nur einer weiteren Rolle bis zum Fund tausender Papyri in einer weiteren griechisch, nicht-epikureischen oder lateinischen Bibliothek ist alles denkbar. Jedenfalls ist die Vorstellung verlockend, dass mit vergleichsweise wenig Aufwand die Bergung eines der vielleicht größten Schätze der antiken Welt durchführbar wäre. Es ist zu wünschen, dass die verantwortlichen Archäologen und Leiter einen innovativ-methodischen Weg finden, welcher – womöglich unter sinnvollem Einbezug schon vorhandener, alter Tunnel und natürlich unter Wahrung modern-archäologischer und konservatorischer Kriterien – zumindest eine genauere Erkundung relevanter Räume um das kleine Peristyl herum erlauben würde. Eine Harmonisierung von archäologisch-konservatorischen Ansätzen und bezüglich der Papyri bedingt zielgeleitetem Graben wäre wohl im Interesse aller, auch da der Grundwasserspiegel im Gebiet der bereits ausgegrabenen Villa perspektivisch für die Erhaltung etwaiger Papyri ein unkalkulierbares Risiko ist[109] und in Anbetracht der geographischen Lage der Ausgrabungen über die nächsten Jahrzehnte (kleinere) Erdbeben nicht ausgeschlossen sind (von Schlimmerem zu schweigen...), welche bereits ausgegrabene Strukturen der Villa schädigen und weitere Grabungen faktisch verhindern könnten. Zugegeben, hier spricht der erwartungsvolle Papyrologe und kein studierter Archäo-

---

[109] Vgl. Guidobaldi und Esposito, „New Archaeological Research" (wie Anm. 107), 21–22.

loge, aber vielleicht könnten im Rahmen des archäologisch Vertretbaren zumindest versuchsweise kleinere Grabungen in der Umgebung von Räumen mit Buchrollenpotential vorgenommen werden. Dem „neuen Karl Weber" (siehe 3.2) würde gewiss unsterblicher Ruhm winken! Da viele in Herkulaneum erprobte Verfahren und Innovationen für die gesamte Archäologie wegweisenden Charakter hatten und haben,[110] sollte eine Lösung für den Spezialfall der Villa dei papiri und ihrer Bibliothek, welche die Suche nach weiteren Papyri einschließt, zu finden sein. Womöglich liefert ein etwaiger Erfolg des *virtual unrolling* (siehe 11) einen zusätzlichen Motivationsschub für neue Grabungen.

9.3 Herculaneum Society

Das Ziel weiterer Grabungen in der Villa mit (impliziter) Suche nach Papyri wird ebenfalls von der *Herculaneum Society* verfolgt.[111] Dieser auch als Reaktion auf Gigantes Tod 2004 gegründeten, wachsenden Gesellschaft gehören interessierte Laien und renommierte Forscher an. Die Gesellschaft sitzt in Oxford, hat aber mittlerweile auch einen amerikanischen Zweig. Sie hält regelmäßig Kongresse in Herkulaneum oder anderen Orten ab und versucht sowohl die Geschichte Herkulaneums unter allen möglichen Aspekten zu studieren als auch die Forschungsergebnisse für eine breitere Öffentlichkeit zu kommunizieren. In der von der Gesellschaft initiierten Reihe *Sozomena* finden auch herkulanisch-papyrologische Monographien und Sammelbände Platz.[112] Neuigkeiten zu Herkulaneum erfährt man in ihrem regelmäßig erscheinenden Magazin *(Newsletter of the Herculaneum Society)*.

---

110 Überblick über jüngste Entwicklungen bei Francesco Sirano, „Recenti studi e ricerche sull' antica Ercolano: un aggiornamento nella prospettiva del nuovo Parco Archeologico," *CErc* 50 (2020): (311–336).
111 https://www.herculaneum.ox.ac.uk/. Ziele der Gesellschaft: „2. Research and Scholarship: the Society promotes research into all aspects of Herculaneum, including the continued investigation of the Villa of the Papyri and the publication of the results of research ...."
112 Etwa Zarmakoupi (Hg.), *The Villa* (wie Anm. 5) und Kilian Fleischer, *The Original Verses of Apollodorus' Chronica* (Berlin, 2020).

10 Zur zweiten Meta-Frage: MSI, RTI und HSI – die erste Revolution

> *L'essentiel est invisible pour les yeux.*
>
> Antoine de Saint-Exupéry, *Le Petit Prince* (1943)

10.1 Die Güte früherer Textausgaben

Man könnte vermuten, dass für alle bisher aufgerollten Papyri halbwegs akzeptable Ausgaben vorliegen und allenfalls noch Verbesserungen im Detail zu erzielen sind. Dies ist erstaunlicherweise nicht der Fall. Viele nicht in der Gigante-Ära neuedierten Werke wurden im späten 19. oder frühen 20. Jahrhundert auf Basis der *collectio altera* bzw. der *Neapolitanischen Disegni* und *Oxforder Disegni* ediert, oft ohne (gründliche) Autopsie. Die *Disegni* haben aber in vielen Zeilen schlichtweg überhaupt keinen Text, obwohl im Original Buchstaben lesbar sind. Ferner sind etliche gewagte Ergänzungen früherer Editionen mit einem einfachen oder genaueren Blick auf das Original zu falsifizieren. Dennoch wurden sie, wenn das Griechische akzeptabel war und der Sinn „gefiel", auch in neueren Ausgaben oft „durchgeschleppt" und die Papyrusspuren oft (unbewusst) unter der Losung *in dubio pro libertate* gewünschten Lesungen angeglichen; ferner waren viele Herausgeber ambitioniert, möglichst viel Text zu lesen. Blank (2007) beschrieb die Situation wie folgt:

> Re-editions of Herculaneum texts have a tendency to intervene in their predecessors' work only where the text seems unsatisfactory, leaving it alone when its grammar and sense seem smooth: editors tend to make *controlli*. But the early editions were often made without the benefit of consulting the papyrus, and the editors were often less inhibited about making changes in the text of apographs than they might have been in the text of the papyrus itself. One conjecture called forth others in its neighbourhood, and many passages began to look sound....the editor was not questioning the text, which seemed unobjectionable on the printed page, and the microscope was used to remove dots – no one wants to have seen less than one's predecessors, except where the papyrus has suffered in the interim. Editors should be on their guard, therefore, to begin with a text scrubbed of conjectures and to read every letter in their texts carefully in the original ... challenge their predecessors, more than confirm them.[113]

---

113 Blank, „Life of Antiochus" (wie Anm. 94), 93.

Ebenso gravierend ist der Umstand, dass die Herausgeber bis 2000 oftmals mit dem menschlichen Auge (bzw. Mikroskop) auch in unzerstörten Passagen keine Tinte erkennen konnten, sondern nur einen schwarzen, verkohlten Untergrund sahen und dementsprechend keinen Text transkribieren konnten – da das Geschriebene vermeintlich für immer verschwunden war.

Abb. 28: Bild mit „normaler" Kamera – *cornice* 4 (=Kol. 15–19) von PHerc. 1021 (Philodems *Index Academicorum*)

10.2 Multispektralbilder (MSI: 1999–2002)

Um die Jahrtausendwende kam es mit den sogenannten Multispektralbildern (MSI-Multispectral Images) zu einer ersten „epochalen" Umwälzung in der Herkulanischen Papyrologie. Zwischen 1999 und 2002 wurden von einem Team der Brigham Young University (BYU-Utah/USA) um David Seely und Steven Booras von der gesamten Herkulanischen Sammlung „multispektrale" Aufnahmen gemacht.[114] Diese MSI erfassen Licht jenseits der Wellenlängen, welches das

---

114 Steven Booras und David Seely, „Multispectral Imaging *of* the Herculaneum Papyri," *CErc* 29 (1999): (95–100); Agathe Antoni/Steven Booras/Gianluca Del Mastro/Roger Macfarlane,

menschliche Auge wahrnehmen kann, und zeigen somit Text, den man mit dem bloßen Auge nicht oder nur schwer erkennen kann. Der Ausdruck *Multispektralbilder* ist für die Bilder der Herkulanischen Papyri dahingehend zu präzisieren oder zu relativieren, dass von der Sammlung aus zeitökonomischen Gründen – bis auf wenige Ausnahmen – keine echten Multispektralbilder gemacht wurden, sondern lediglich Bilder im Nahinfrarotbereich (950 nm).[115] In diesem Bereich ist der Kontrast zwischen Tinte und Papyrus am stärksten. Manche Papyri, auf denen man bis dato mit dem bloßen Auge nichts lesen konnte und die folglich unter „non leggibile" katalogisiert waren, ließen plötzlich auf den digitalen Multispektralbildern deutliche Buchstaben und zusammenhängende Textabschnitte erkennen. Es kursiert die schöne (und wahre) Anekdote, dass Papyri, für die man vormals lateinischen Inhalt angenommen hatte, sich als griechische Werke entpuppten, während man andere Fragmente verkehrtherum gehalten hatte, weil auf ihnen unter dem natürlichen Licht so wenig lesbar war.[116] An vielen Stellen helfen die MSI die ungewissen Spuren des Originals zu verstehen oder einzuordnen – manche Stellen wurden durch die MSI überhaupt erst lesbar, viele Stellen besser lesbar. Je nach Karbonisationszustand des Papyrus entfalten die MSI unterschiedliche Tragweite: Für Papyri, welche bisher schon mit den Augen problemlos gelesen werden konnten, waren die MSI textuell freilich nicht oder nur unwesentlich hilfreich, wohingegen der Text „dunkler" Papyri oft erhellt oder in einigen Fällen im wahrsten Wortsinne erst „ans Licht gebracht" wurde.[117] Ein weiterer, nicht zu unterschätzender Vorzug der

---

„Update Report on the Use of the Multi-spectral images of the Herculaneum papyri," in Proceedings of the XXIV International Congress of Papyrology, Helsinki 1 –7 August 2004 (Band 2) (hg. von Jaako Frösén/Tina Purola/Erja Salmenkivi; Helsinki, 2007), (579–586). Stephen Bay/Gregory Bearman/Roger Macfarlane/Thomas Wayment, „Multi-Spectral Imaging vs. Monospectral Infrared Imaging," *ZPE* 173 (2010): (211–221); Stephen Bay/Gregory Bearman/Roger Macfarlane/Thomas Wayment, „Exploring the Limitations and Advantages of Multi-Spectral Imaging in Papyrology: Darkened, Carbonized, and Palimpsest Papyri," in *EIKONOPOIIA: Digital Imaging of Ancient Textual Heritage, Proceedings of the International Conference, Helsinki, 28–29 November, 2010* (hg. von Vesa Vahtikari/Mika Hakkarainen/Antti Nurminen; Helsinki, 2011), (107–121).
115 Die Bilder können heute auf CD-ROM in der *Officina dei papiri* konsultiert werden und ggf. bei Roger Macfarlane für bestimmte Papyri angefordert werden.
116 Vgl. die TV-Dokumentation „Out of the ashes: Recovering the lost library of Herculaneum (Produced, Written and Directed by Julie Walker – a KBYU/BYU Television Production – 2003)", online abrufbar und Agnese Travaglione, „Verkohlte Papyrus-Rollen. Die antike Bibliothek der Villa dei Papiri und ihre Entzifferung," in Mühlenbrock und Richter (Hgg.), *Verschüttet vom Vesuv* (wie Anm. 23), (11–122), 120.
117 Vgl. Delattre, *rouleaux d' Herculanum* (wie Anm. 5), 113–116.

MSI ist, dass die Papyri nun von anderen Orten der Welt als Neapel gleichsam „am Original" studiert und digital aufbereitet werden könne, etwa durch visuelle Computerprogramme. Allerdings sind die MSI unter keinen Umständen als detailgetreue Kopien des Originals misszuverstehen und eine Autopsie in Neapel ist weiterhin geboten, da die komplexe dreidimensionale Stratigraphie der Papyri (siehe 6.2) auf den zweidimensionalen MSI mitunter irreführend wiedergegeben ist. Löcher oder Schatten von aufgewellten Teilen erscheinen teils fälschlich als Tinte und auch Strukturen wie Voluten können auf den MSI nur unzureichend erkannt werden. MSI und Autopsie ergänzen sich, ersetzen aber einander nicht.[118] Papyrologen sind folglich seit rund 20 Jahren nicht zuletzt damit beschäftigt alte Ausgaben bereits aufgerollter Papyri auf Basis der MSI zu revidieren, meist mit erheblichem Neugewinn an Erkenntnis und substantiell verbesserten Texten.

Abb. 29: Multispektralbild (MSI)- *cornice* 4 (=Kol. 15–19) von PHerc. 1021 (Philodems *Index Academicorum*)

---

118 Janko, *How to read* (wie Anm. 5), 124–126.

10.3 Reflectance Transformation Imaging (RTI-2014), 3D-Imaging und Analyse der Tinte

In geringerem Umfang wurde auch nahinfrarot Reflectance Transformation Imaging (NIR-RTI) an den Papyri um die Protagonisten Jürgen Hammerstaedt und Kathryn Piquette erprobt (2014). An einzelnen Fragmenten wurde die Technik angewendet, welche, vereinfacht gesprochen, „plastischere" Bilder als die MSI liefert, da der Papyrus von verschiedenen Winkeln aus fotografiert wird. Es entsteht ein „dreidimensionaler" Eindruck und die Auflösung ist wesentlich höher als auf den MSI. Die Technik könnte somit insbesondere beim digitalen Erkennen von *Sovrapposti* und *Sottoposti* und für andere Fragen hilfreich sein, wobei der Kontrast zwischen Tinte und Papyrus nicht erheblich stärker als auf den MSI erscheint. Im Jahr 2016 hat ein Team um Brent Seales erstmals für den in England aufbewahrten PHerc. 118 ein komplettes 3D-Faksimilie eines Herkulanischen Papyrus angefertigt. Technik und Details variieren im Vergleich zu RTI, die Ergebnisse aber sind in einigen Punkten vergleichbar (Plastizität).[119]

Auch die Zusammensetzung der Tinte, welche eine gewisse Relevanz für das *virtual unrolling* hat (11.2), wurde während der letzten 5 Jahre in einigen Studien untersucht.[120] Es stellte sich heraus, dass die Tinte der Herkulanischen Papyri offenbar nicht rein karbonbasiert ist, sondern auch metallische Elemente, besonders Blei, enthält. Der chemische Fußabdruck der Tinte könnte bei der Zuweisung von Papyrusfragmenten helfen.

---

[119] Kathryn Piquette, „Illuminating the Herculaneum Papyri: Testing new imaging techniques on unrolled carbonised manuscript fragments," *Digital Classics Online* 3,2 (2017): (80–102); Brent Seales, „Visualizing PHerc. 118," *Thinking 3D* (2019) – T3D2019_INA.

[120] Emmanuel Brun/Marine Cotte/Jonathan Wright/Maria Ruat/Pieter Tack/Laszlo Vincze/Claudio Ferrero/Daniel Delattre/ Vito Mocella, „Revealing Metallic Ink in Herculaneum Papyri," *Proceedings of the National Academy of Sciences* 14.113 (2016): (3751–3754); Pieter Tack/Marine Cotte/Stephen Bauters/Emmanuel Brun/Dipanjan Banerjee/Wim Bras/Claudio Ferrero/Daniel Delattre/Vito Mocella/Laszlo Vincze, „Tracking Ink Composition on Herculaneum Papyrus Scrolls: Quantification and speciation of lead by X-ray based techniques and Monte Carlo simulations," *Scientific Reports* 6 (2016); Olivier Bonnerot/Gianluca Del Mastro/Jürgen Hammerstaedt/Vito Mocella/Ira Rabin, „XRF ink analysis of some Herculaneum papyri," *ZPE* 216 (2020): (50–52). Überblick bei Vincenzo Damiani, „Ink in Herculaneum: A Survey of Recent Perspectives," in *Traces of Ink* (hg. von Lucia Raggetti; Leiden, 2021), (57–69).

10.4 Hyperspektralbilder (HSI: 2019)

Als letzter großer technischer Fortschritt bei der Erforschung schon geöffneter Papyri kann eine Technik gelten, an deren experimentierweiser Anwendung ich 2016–2018 in meiner Zeit in Neapel selbst beteiligt war.[121] Um die heute nicht mehr sichtbare Rückseite von Philodems „Geschichte der Akademie" (*Index Academicorum*) – der Papyrus ist einer der wenigen Opisthographen der Sammlung (siehe 15.1), was bedeutet, dass er auch auf der Rückseite beschrieben ist – sichtbar zu machen, war ein internationales Team (CNR/CNRS/Musée national d'histoire naturelle, Paris) im Februar 2018 für eine Woche in der *Officina dei papiri*, um Hyperspektralbilder (Hyperspectral images = HSI) des Papyrus zu machen. Diese wurden bis 2019 digital aufbereitet und werden philologisch für die editio maior des *Index Academicorum* immer noch ausgewertet.[122] Primäres Ziel war das Durchröntgen der Vorderseite (Rekto) des Papyrus, um den Text auf der Rückseite (Verso) sichtbar zu machen. Bevor der Papyrus auf die Pappunterlage (*cornice*) geklebt wurde (von der er heute ohne größere Zerstörungen nicht ablösbar ist), hatte man auch die 12 Kolumnen des Verso abgezeichnet (*Oxforder Disegni*). Anhand eines gespiegelten „Lochabgleichs" der *Disegni* mit dem Original war es mir möglich, die Versokolumnen mit einiger Sicherheit relativ zum Rekto zu lokalisieren.[123] Da aber die *Disegni* oft fehlerhaft oder unvollständig sind (6.3) und womöglich nicht alle Kolumnen auf dem Verso abgezeichnet wurden, war es ein Desiderat, den Text des Verso lesbar zu machen, zumal die Vermutung im Raum stand, dass einige der Nachträge oder Notizen auf dem Verso dieser Entwurfsfassung sogar von Philodems eigener Hand geschrieben worden sein könnten.

---

121 Marie Curie Individual Fellowship – 703798-Acad Hist: *Philodemus' History of the Academy: Groundwork for a New Innovative Critical Edition.* Für Details siehe https://www.iliesi.cnr.it/philodemus/.
122 Vgl. Aurelie Tournié/Kilian Fleischer/Inna Bukreeva/Francesca Palermo/Michela Perino/Adele Cedola/Christine Andraud/Graziano Ranocchia, „Ancient Greek text concealed on the back of unrolled papyrus revealed through shortwave-infrared hyperspectral imaging," *Science Advances* 5/10 (2019) – https://advances.sciencemag.org/content/5/10/eaav8936. Dabei wurde insbesondere auf das Programm der MOLAB platform (mobile Laboratorien) zurückgegriffen (IPERION CH grant agreement no.654028). Die Bilder wurden in den folgenden Monaten und Jahren ausgewertet (siehe auch 15).
123 Kilian Fleischer, „Die Lokalisierung der Verso-Kolumnen von PHerc. 1021," *ZPE* 204 (2017): (27–39).

 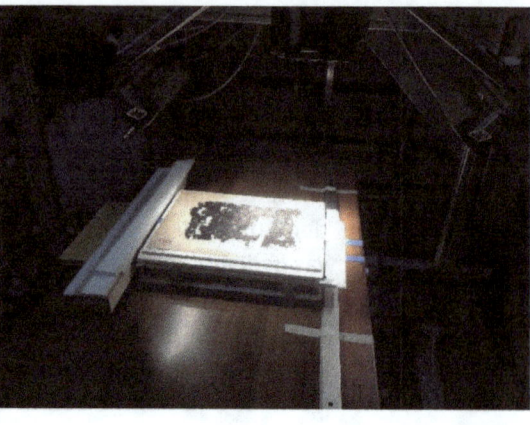

Abb. 30 und **31**: Experimente 2018 mit Hyperspektraltechnik an PHerc. 1021 (Philodems *Index Academicorum*)

Dieses Ziel wurde teilweise erreicht, insofern tatsächlich hinter mehreren unbeschriebenen Teilen des Rekto (Interkolumnium) der Text des Verso sichtbar wurde, der sich auch mit den vor 220 Jahren gemachten Abzeichnungen deckt. Jedoch war es bisher nicht möglich,[124] den Text auf der Rückseite zu lesen, wo dieser mit dem Text auf der Vorderseite überlappt. Ferner fanden sich von einigen Verso-Kolumnen keine Spuren, was vielleicht mit der unterschiedlichen Dicke oder Karbonisation von Teilen des Papyrus erklärt werden könnte. In einem Bereich ist auch Text sichtbar, wo die *Disegni* dies nicht vermuten lassen.[125]

---

124 Im Zuge des DFG-Projektes „Philodems Geschichte der Akademie (Index Academicorum)" und des ERC-advanced Grant „GreekSchools" laufen die Auswertungen der HSI noch, d.h. dass Physiker/Informatiker die Rohdaten nochmals aufbereiten, um die „störende" Vorderseite herauszufiltern.

125 Im Mai 2018 wurde ohne nennenswerten Erfolg, ebenfalls über die MOLAB platform (vgl. Anm. 122), für einige Tage noch TeraHerz-Imaging am *Index Academicorum* erprobt (mit dem Ziel das Verso zu lesen). Jedoch mag hier der konkrete Versuchsaufbau nicht optimal gewesen sein, so dass diese Technik nicht per se ungeeignet ist.

 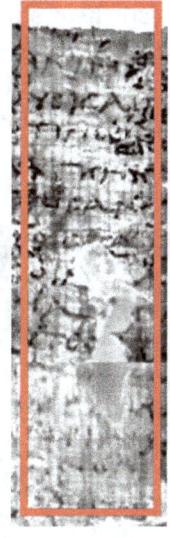 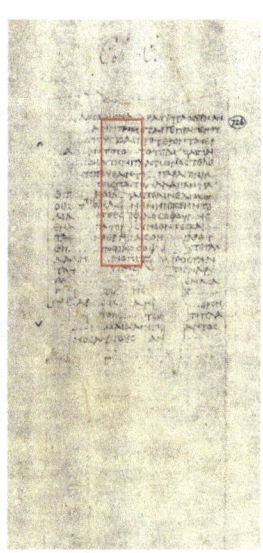

Abb. 32: Text des Verso-spiegelverkehrt   **Abb. 33**: Text des Verso   **Abb. 34**: Stelle im *Disegno*

Von weitaus größerer Bedeutung war nun aber ein überraschendes Nebenergebnis: Die Hyperspektralbilder bieten auf dem Rekto einen wesentlich besseren Kontrast als die MSI. Die HSI haben es mir erlaubt den schon auf Basis der Multispektralbilder um 20 % vermehrten bzw. verbesserten Text des *Index Academicorum* noch einmal um 5–10% zu vermehren, d.h. viele neue Informationen zur Akademie zu gewinnen. Vermutlich ist es lohnenswert, von der gesamten Herkulanischen Sammlung – also von allen schon geöffneten Papyri – 20 Jahre nach den MSI auch HSI zu machen. Die HSI zeigen Text an Stellen, wo man weder mit dem bloßen Auge noch auf den MSI etwas erkennt. Jedoch sind die HSI den MSI nicht an jeder Stelle überlegen, so dass sie im Vergleich mit den MSI (neben Autopsie und *Disegni*) genutzt werden sollten.

Zur technischen Seite sei vermerkt, dass die HSI mit 1000–2500 nm einen wesentlich größeren Wellenlängenbereich als die MSI abdecken. Die genaue Bezeichnung der angewandten Technik ist shortwave infrared hyperspectral imaging (SWIR-HSI). Die Rohdaten wurden mittels einer Hauptkomponentenanalyse (PCA) anhand der PC1 und PC3-Achse statistisch aufbereitet, was einen starken Kontrast ergibt. Die Auflösung ist weniger hoch als auf den MSI, was aber durch einen einfachen Wechsel der Kameralinse behoben werden kann. Pro *cornice* wurden vier Durchgänge von jeweils ca. 20–30 Minuten benötigt, so dass die Bilder „gestitched" sind. Die HSI-Experimente am *Index Academicorum* wurden in effektiv nur 3 Tagen durchgeführt. Bei weiteren Experimenten wäre das Verfahren in Kürze hinsichtlich verschiedener Aspekte optimierbar, so dass die komplette Sammlung in zeitlich vertretbarem Rahmen mit Hyperspectral Imaging fotografiert werden könnte.

Abb. 35: Hyperspektralbild (HSI)- *cornice* 4 (=Kol. 15–19) von PHerc. 1021 (Philodems *Index Academicorum*)

10.5 Künftige Experimente an geöffneten Papyri und das „Durchröntgen" von *Sovrapposti*

Im Rahmen des EU-geförderten ERC-Projektes „GreekSchools" unter dem *Principal Investigator* Graziano Ranocchia[126] sollen innerhalb der nächsten Jahre (2021–2025) durch mobile Laboratorien der *European Infrastructure for Heritage Science* nochmals in modifizierter Weise Shortwave-Infrared Hyperspectral

---

[126] ERC Advanced Grant 885222-GreekSchools – The Greek Philosophical Schools according to Europe's earliest „history of philosophy" – Towards a new pioneering critical edition of Philodemus' Arrangement of the Philosopher. Das Projekt (ca. 2,5 Mio Euro) ist an der Universität Pisa angesiedelt und schließt als Kooperationspartner etwa das CNR Institute of Cultural Heritage, das CNR Institute for Computational Linguistics und die Biblioteca Nazionale di Napoli (BNN) ein.

Imaging und High-resolution TeraHertz Imaging sowie High-resolution X-Ray Fluorescence Mapping[127] für das Lesen des Verso des Index *Academicorum* (und anderer Papyri) genutzt werden.

Die schon angesprochene Stratigraphie der Papyri, übereinanderliegende Lagen (*Sovrapposti*, teils Doppel-*Sovrapposti* oder gar Dreifach- bzw. Vierfach-*Sovrapposti*), stellen ein besonderes Problem der Herkulanischen Papyrologie dar. Im Zuge obengenannten Projektes soll daher auch versucht werden, durch diese *Sovrapposti* „hindurchzuröntgen" und den darunterliegenden Text virtuell sichtbar zu machen. Letztlich ist dieses „Lagen-Durchröntgen" in technischer Hinsicht aufs Engste mit dem Lesen des Verso eines Papyrus verbunden, so dass alle oben genannten Techniken auch *mutatis mutandis* bei dieser Problemstellung Anwendung finden sollen. Daneben werden Oberflächen-Profilometrie mittels hochauflösenden 3D-Mikroskopen[128] sowie Tiefen-Profilometrie mittels Kernspinresonanz-Relaxometrie (NMR-relaxometry) und Optische Kohärenztomographie für das Durchleuten der Lagen getestet. Ein flächendeckendes, standardisiertes „Durchröntgen" aller *Sovrapposti* in Herkulanischen Papyri würde einen nicht zu unterschätzenden Textzuwachs liefern. Bei derlei Experimenten ist immer schwer vorherzusagen, welche Technik oder Technikkombination die gewünschten Resultate liefert. Zuletzt sei auch nicht unerwähnt, dass es noch unter vielen PHerc.-Nummern aufgerollte Papyri gibt, die noch niemals ediert wurden. Oftmals handelt es sich nur um kleinere oder schlechtere Stücke, aber mitunter sind auch größere, vergleichsweise gut lesbare Fragmente darunter.

---

127 High-resolution X-Ray Fluorescence wurde für die Oberfläche bereits von Brun et al., „Revealing Mettalic Ink" (wie Anm. 120) angewandt.
128 Oberflächen-Profilometrie, jedoch mit anderem Ansatz, wurde mit ansprechenden Resultaten schon von Seales (wie Anm. 119) an einem Herkulanischen Papyrus getestet (siehe 10.3). Seales will in den nächsten Jahren auch Photogrammetrie auf die gesamte Sammlung anwenden.

11 Zur dritten Meta-Frage: *Virtual unrolling* – die zweite Revolution in spe

Aber wo bleiben die Männer? Die Alten? Im ernsten Museum / liegt noch ein köstlicher Schatz seltener Rollen gehäuft.

Friedrich Schiller, *Pompeji und Herculanum* (1797)

11.1 Chemisches Ablöseverfahren (Oslo-Methode: 1984–2000)

Zwischen 1984 und 2000 wurden über 100 Rollen bzw. Teile von Rollen mit der sogenannten „Oslo-Methode" aufgerollt,[129] wobei „aufrollen" in diesem Fall „in Kleinteile zerlegt" bedeutet. Knut Kleve brachte ein norwegisches Team, das in den 70er-Jahren Erfahrung beim Auflösen von Mumien-Cartonnage mit einer speziellen, chemischen Methode gesammelt hatte, in die *Officina* und man entwickelte ein Verfahren zur Öffnung der Papyri, welches einer Mischung von *scorzatura parziale* (siehe 4.1) und schichtenweiser chemischer Ablösung gleichkommt.[130] Man strich eine Art Gelatine-Kleber auf robust wirkende, äußere Bereiche der Rolle (oder von Rollenteilen), was im Idealfall bewirken sollte, dass sich die obere Lage in diesem Bereich von der darunter befindlichen Lage ablöste. Durch den genau dokumentierten Prozess erhielt man zahllose, oft sehr stratifizierte Fragmente, welche dann – soweit möglich – zusammenzusetzen waren. Wirklich erfolgreich im Hinblick auf die Gewinnung von Text in gewissem Umfang kann die Methode vorläufig nur bei PHerc. Paris 2 gelten.[131] Letztlich wurden in Schnipseln angeblich gefundene lateinische Autoren – was sich heute mitunter als Wunschdenken herausgestellt hat – und vermeintlich viel-

---

129 Im online-Katalog *chartes* werden 118 Nummern genannt, Travaglione, Verkohlte Papyrus-Rollen (wie Anm. 116), 118 spricht von 160 Stücken. Die jahres- bzw. saisonweise aufgerollten Papyri wurden in verschiedenen *Cronache Ercolanesi*-Bänden jeweils aufgezählt („Papiri aperti col metodo osloense").
130 Für die Methode siehe Brrynjulf Fosse/Knut Kleve/Frederik Störmer, „Unrolling the Herculaneum Papyri," *CErc* 14 (1984): (9–15).
131 Philodem, *De calumnia*. Eine Übersicht über die Arbeiten an dem Papyrus, in welchem die Namen der Augusteer (siehe 5.1) gelesen wurden, bei Daniel Delattre/Joelle Delattre-Biencourt/Annick Monet/Agathe Antoni, „La reconstruction du PHerc. Paris.2, [Philodème, La calomnie] Quelques nouveautés textuelles," in *Proceedings of the 27th International Congress of Papyrology 2013 (Warsaw)* (hg. von Thomasz Derda/Adam Lajtar/Jakub Urbanik; Warschau; 2016): (471–489); siehe ferner Delattre, *rouleaux d' Herculanum* (wie Anm. 5), 110–112.

versprechende Zwischenergebnisse als Rechtfertigung für die fortgesetzte Behandlung immer weiterer Rollen(teile) mit dieser Methode genommen. Keiner wird die hehren Absichten der Verantwortlichen bestreiten, aber als Fazit der Entrollungsversuche mit der Oslo-Methode steht *summa summarum* doch, dass zu viele Rollen für zu wenig Text zerfleddert wurden und in der Konsequenz modernen, nicht-invasiven Öffnungsansätzen (siehe 11.2) nicht mehr zur Verfügung stehen. Aufgrund der mühsamen Puzzlearbeit sind manche der mit der Oslo-Methode geöffneten Papyri noch nicht völlig erschlossen und vielleicht ist hier und da noch etwas zu gewinnen, aber der Zustand der „Oslo-Papyri" gibt insgesamt keinen Anlass für allzu hohe Erwartungen.[132] Kleve nutzte auch erstmals computergestützte Verfahren bei der Lesung oder Entzifferung der Texte (Letteralogie), welche aber für die *restitutio textus* keine entscheidende Bedeutung hatten und heute als überholt angesehen werden müssen.[133]

11.2 *Virtual unrolling* der Papyrusrollen – erste Versuche (2007–2013)

Da die Oslo-Methode offenbar nicht die Lösung des Aufroll-Problems sein konnte, nahm man von chemischen Ansätzen wieder Abstand und verfolgte einen durch die digitale Revolution und den technischen Fortschritt der 1990er bzw. 2000er Jahre ermöglichten nicht-invasiven Weg. Der Informatiker/Naturwissenschaftler (computer scientist) Brent Seales von der University of Kentucky hatte in den Jahren 2000 bis 2007 bereits erste Erfahrungen mit der digitalen Bearbeitung von antiken Manuskripten gesammelt und innovative Methoden erfolgreich erprobt. So hatte er aufgewellte Manuskriptseiten virtuell wieder „eingeebnet" (flatting) und auch eine nicht karbonisierte Papyrusrolle (Phantom-Versuche) durchröntgt, virtuell aufgewickelt und den Text lesbar gemacht.[134] Seales nennt die von ihm entwickelte Methode „virtual unwrap-

---

132 Als Erfolg ist etwa die Lesung der *subscriptio* eines Werkes des Zenon von Sidon zu werten, vgl. Knut Kleve und Gianluca Del Mastro, „Il PHerc. 1533: Zenone Sidonio A Cratero," *CErc* 30 (2000): (149–156).
133 Knut Kleve/Espen Ore/Ragnar Jensen, „Letteralogia: computer e fotografia," *CErc* 17 (1987): (141–150).
134 Siehe etwa Brent Seales/Michael Brown, „The digital atheneum: new approaches for preserving, restoring and analyzing damaged manuscripts," *ACM/IEEE Joint Conference on Digital Libraries, JCDL 2001, Roanoke, Virginia, USA, June 24–28, 2001, Proceedings* (2001) und Brent Seales/Yun Lin, „Opaque document imaging: building images of inaccessible texts," in

ping". Ab 2007 arbeitete er mit Delattre zusammen und untersuchte zunächst geöffnete Herkulanische Fragmente, besonders im Hinblick auf die Tintenzusammensetzung, mit einigen Techniken in den USA,[135] bevor er 2009 in Paris die zwei geschlossenen Rollen PHerc.Paris 3 und PHerc.Paris 4 mittels eines mobilen Mikro-Computer-Tomographen (Micro-CT) durchröntgte und die Daten in den folgenden Jahren auswertete. Es gelang ihm die interne Struktur der Rollen, d.h. die einzelnen Schichten bzw. Windungen, über die komplette Höhe der Rollen aufzuklären und Portionen digital aufzuwickeln (virtuell in die Ebene zu projizieren). Die Faserstrukturen des Papyrus und einige chemische Elemente waren dabei klar erkennbar, aber kein Text lesbar. Diese Experimente waren ein erster wichtiger Schritt auf dem Weg zum virtuellen Aufwickeln Herkulanischer Papyri.[136]

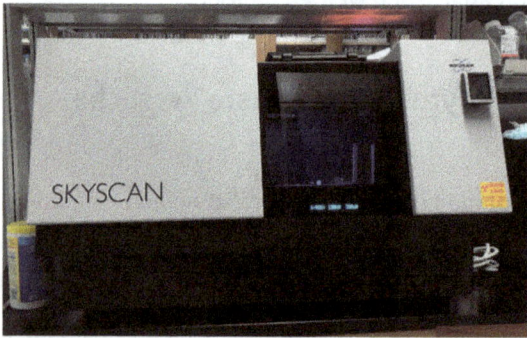 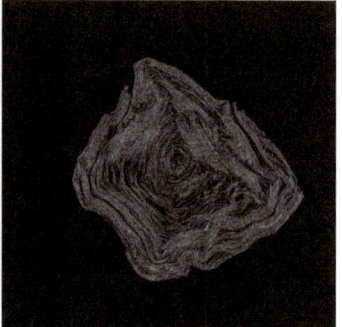

Abb. 36 und 37: Micro CT und Innenstruktur der Rolle

November 2005, Proceedings / IEEE International Conference on Computer Vision. 1: 662–669 Vol. 1.
135 Brent Seales und Daniel Delattre, „Virtual unrolling of carbonized Herculaneum scrolls: Research Status (2007–2012)," *CErc* 43 (2013): (191–208) 194–198. Es kamen SEM (scanning electron microscope), EDX (energy-dispersive-x-ray spectroscopy), PIXE (particle-induced x-ray emission), CT (x-ray computed tomography) und MRI (magnet resonance imaging) zur Anwendung. Die Experimente fanden 2007/2008 statt, später wurden noch andere Methoden, etwa Nano-CT erprobt (2009–2011, vgl. Seales und Delattre, „Virtual unrolling" [wie Anm. 135] 204–207).
136 Vgl. auch Nicola Reggiani, *Digital Papyrology I* (Berlin, 2017), 148.

11.3 *Virtual unrolling* durch X-Ray-Phase-Contrast tomography – Gelesener Text!?

Im Jahre 2015 veröffentlichte ein Team um Vito Mocella und Daniel Delattre einen Beitrag zu *virtual unrolling* durch X-Ray-Phase-Contrast tomography (XPCT) in *Nature communications*.[137] Sie hatten eine herkulanische Rolle, die heute in Paris aufbewahrt wird, im europäischen Synchrotron in Grenoble (Teilchenbeschleuniger) mit hochenergetischen, monochromatischen Röntgenstrahlen von verschiedenen Seiten „durchschossen". Die Grundidee ihres Ansatzes bestand darin, nicht die unterschiedliche chemische Zusammensetzung von Tinte und Papyrus als Basis für das Lesen im Inneren der Rolle zu nehmen, sondern die Tinte als auf dem geschriebenen Untergrund liegendes Relief zu betrachten und den winzigen Höhenunterschied für die Isolierung von Buchstaben nutzbar zu machen. Bei der anschließenden Bearbeitung der Rohdaten will das Team einige isolierte Buchstaben erkannt haben, was bedeuten würde, dass es erstmalig Text innerhalb einer Herkulanischen Rolle gelesen hätte.

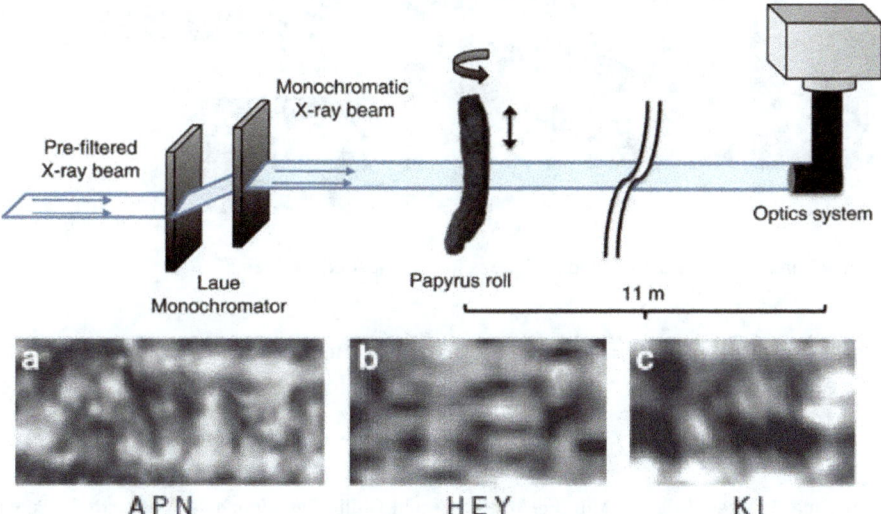

Abb. 38 und 39: Versuchsaufbau und Bilder des Mocella/Delattre-Teams

---

137 Vito Mocella/Emmanuel Brun/Claudio Ferrero/Daniel Delattre, „Revealing letters in rolled Herculaneum papyri by X-ray phase-contrast imaging," *Nature Communications* 6:5895 (2015); siehe auch Gianluca Del Mastro/Daniel Delattre/Vito Mocella, „Una nuova tecnologia per la lettura non invasiva dei papiri ercolanesi," *CErc* 45 (2015): (227–230).

Im folgenden Jahr nutzte ein Team um Graziano Ranocchia und Alessia Cedola ebenfalls X-Ray-Phase-Contrast tomography an zwei Herkulanischen Rollen mit einem etwas veränderten Versuchsaufbau in Grenoble und einem anderen algorithmischen Ansatz für die Bearbeitung der Daten.[138] Die Ergebnisse wurden in *Scientific Reports* publiziert. Das Team ist sich sicher, durch erfolgreiches Anwenden von Algorithmen erstmals *virtual unrolling* einiger Textportionen im engeren Sinne durchgeführt zu haben und nicht nur vereinzelte Buchstaben, sondern auch Sequenzen von Buchstaben, d.h. Wörter und Teile von Wörtern, sowie eine *Coronis* (Paragraphenzeichen) im Inneren der Rolle identifiziert zu haben. Wie das Mocella-Team hat auch das Ranocchia-Team entsprechende Bilder publiziert, deren Auflösung höher war.

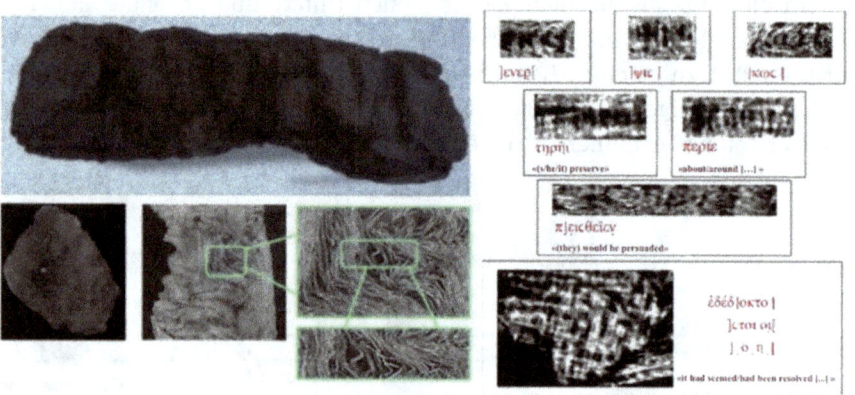

Abb. 40 und 41: Rollendetails und Bilder des Ranocchia/Cedola-Teams

Beide Teams standen in gewisser Konkurrenz zueinander und lösten mit ihren Experimenten ein sehr vernehmliches, internationales Medienecho aus (siehe

---

138 Inna Bukreeva/Alberto Mittone/Alberto Bravin/Giulia Festa/Michele Alessandrelli/Paola Coan/Vincenzo Formoso/Raffaele Agostino/Michele Giocondo/ Federica Ciuchi/Michela Fratini/Lorenzo Massimi/Antonio Lamarra/Carla Andreani/Roberto Bartolino/Giuseppe Gigli/Graziano Ranocchia/Alessia Cedola, „Virtual unrolling and deciphering of Herculaneum papyri by X-ray phase-contrast tomography," *Scientific Reports* Vol. 6, 27227 (2016). Die beiden durchröntgten Rollen waren PHerc. 375 und PHerc. 495. Eine Zusammenfassung der Ergebnisse mit weiterführenden Gedanken in Inna Bukreeva/Graziano Ranocchia/Vincenzo Formoso/Michele Alessandrelli/Michela Fratini/Lorenzo Massimi/Alessia Cedola, „Investigation of Herculaneum Papyri by X-Ray-Phase-Contrast Tomography," in *Nanotechnologies and Nanomaterials for Diagnostic, Conservation and Restoration of Cultural Heritage* (hg. von Giuseppe Lazzara und Rawil Fakhrullin; Cambridge, 2019): (299–323).

13.3).[139] Sie präsentierten ihre Ergebnisse in den folgenden Jahren auf Konferenzen und Kongressen. In der Wissenschafts-Community wurde sowohl auf papyrologischer als auch auf naturwissenschaftlicher Seite diskutiert, ob es sich bei den Buchstaben bzw. Wortteilen nicht lediglich um statistische, wenig distinkte Zufallsmuster handeln könnte und die Forscher in den schwarz-weiß-Bildern nur das gesehen haben, was sie sehen wollten, ergo bisher noch niemand etwas im Inneren der Rolle mit hinreichender Wahrscheinlichkeit gelesen hat. So hat Brent Seales öffentlich seine deutliche Skepsis gegenüber den Ergebnissen geäußert.[140] Eine zentrale kritische Frage war, weshalb man nur vereinzelte Buchstaben und nicht ganze Passagen hat lesen können. Desungeachtet erkennt auch Seales die Verdienste beider Teams an. Es ist jedenfalls möglich, dass beide Teams bereits Buchstaben bzw. Text erstmals virtuell gelesen haben. Desungeachtet sind die von beiden Teams gewonnen Rohdaten sehr wertvoll und könnten in Zukunft noch mit alternativen Verfahren (Algorithmen) ausgewertet werden.

11.4 *Virtual unrolling* einer karbonisierten Pergamentrolle (2016) und *machine learning* (ab 2019)

Im Jahre 2016 gelang Brent Seales[141] ein aufsehenerregendes *virtual unrolling* (*virtual unwrapping*) einer karbonisierten Schriftrolle vom Toten Meer (En-Gedi).[142] Ohne irgendwelche Zweifel sind viele Zeilen zusammenhängenden,

---

139 Vgl. Kilian Fleischer, „Herculaneum papyri and digital unrolling at the Papyrology Congress in Barcelona (2016)," *Newsletter of the Herculaneum Society 21* (2017): (4–5) und Kilian Fleischer, „Report about the 28th International Congress of Papyrology (Barcelona, 2016) – Herculanean Papyri and Non-Invasive Unrolling Techniques," *LPh 5* (2017): (221–226) und Kilian Fleischer, „Hyperspectral imaging – a new technique for reading unrolled Herculanean papyri," *Newsletter of the Herculaneum Society* 24 (2019): (3–5).
140 Vgl. etwa das CBS 60 minutes Interview (Can technology unravel the secrets sealed by Mt. Vesuvius 2,000 years ago?).
141 Brent Seales war über den Alleingang von Mocella und Delattre, mit welchem er zuvor zusammengearbeitet hatte (11.1), nicht sehr erfreut, was er auch öffentlich artikulierte, etwa bei einem Vortrag vor der *Herculaneum Society* in Oxford (Januar/2016). Für einen Überblick zum Stand von Seales Forschungen bis etwa 2018 siehe Brent Seales und Christy Chapman, „Technology and the Quest to Unlock the Secrets of the Herculaneum Scrolls," in Lapatin (Hg.), *Buried by Vesuvius* (wie Anm. 5): (124–132).
142 Vgl. Brent Seales/Clifford Parker/Michael Segal/Emanuel Tov/Pnina Shor/Yosef Porath, „From damage to discovery via virtual unwrapping: Reading the scroll from En-Gedi," Science Advances 21 Sep 2016: Vol. 2, no. 9, e1601247. Die Prozesse des virtual unrolling werden von

hebräischen Textes aus Levitikus und nicht nur einzelne, verschwommene Buchstaben zu lesen. Das geglückte Aufrollen zeigt, dass auch karbonisierte Rollen virtuell aufgerollt werden können und somit nicht unberechtigte Hoffnung für die Herkulanischen Rollen besteht. Der virtuell gewonnene Text ist übrigens unser ältester erhaltener masoretischer Zeuge für den Pentateuch. Jedoch waren bei diesem virtuellen Aufwickeln die Voraussetzungen im Vergleich zu den Herkulanischen Papyri erheblich einfacher: 1. Die Rolle war aus Pergament. 2. Die Tinte war bleihaltig.

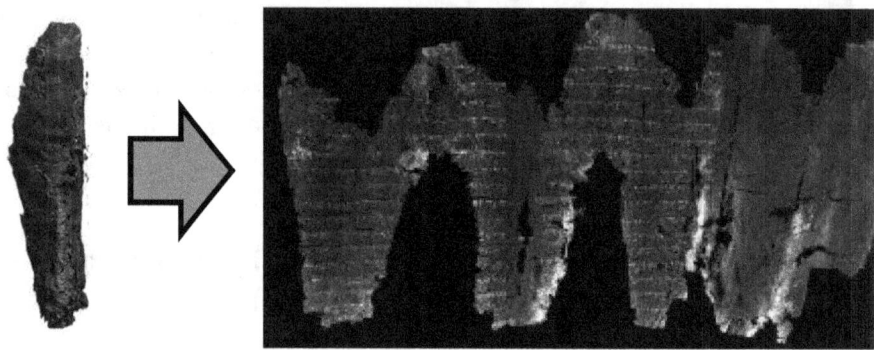

Abb. 42 und 43: Diese karbonisierte Pergamentrolle wurde virtuell aufgewickelt (hebräisch, Levitikus)

In der folgenden Zeit wandte sich Seales wieder dem weitaus anspruchsvolleren Aufrollen der Herkulanischen Papyri zu. Im Jahre 2019 gewann er wie die anderen Teams eigene Synchrotron-Rohdaten durch den Scan zweier Rollen.[143] Kurz darauf stellte er im Rahmen einer Sonderausstellung zu den Herkulanischen Papyri in der Getty-Villa (Malibu) vor einem größeren Publikum einen neuen Ansatz zum virtuellen Aufrollen mittels *machine learning* vor – der aktuelle Superhype im Bereich der Informatik/Naturwissenschaften.[144] Damit verfolgt er

---

Seales unterteilt in (Tomography), Segmentation, Texturing, Flatting, Merging and Visualisation (Scholarship).
143 Die Diamond Light Source nahe Oxford ist Englands nationale Synchrotron-Forschungseinrichtung. Es handelt sich um dieselben PHerc-Paris-Rollen, die er bereits 2009 „mobil" für das *Institut de France* gescannt hatte.
144 Die Ausstellung trug den Namen „Buried by Vesuvius: Treasures from the Villa dei Papiri (June 26 – October 28, 2019)". Der auf youtube abrufbare Vortrag („Reading the Herculaneum Papyri: Yesterday, Today, Tomorrow") fand am 19.10.2019 im Rahmen einer Vortragsreihe in

einen von den zwei anderen Teams divergierenden Ansatz, die auf chemische Unterschiede bzw. Reliefunterschiede der Tinte abstellten. Seales glaubt, dass das Problem des Lesens der Tinte nunmehr lediglich ein algorithmisches sei und die vorhandenen Rohdaten der Experimente, d.h. die Auslösung der Synchrotron-Scans, prinzipiell ausreichend sein könnten. Er hat mittels eines Phantoms gezeigt, dass auch auf Micro-CTs die Tinte durch geeignete Algorithmen (*machine learning*) vom Hintergrund „herausfilterbar" ist, auch wenn man auf den „Bildern" dieser Scans (zunächst) nichts sieht. Seales nutzt für das *machine learning* kleinere, bereits geöffnete Fragmente, durch welche er den Algorithmus trainiert. Da es aus Organisations- und Kostengründen sehr schwer sein dürfte, sämtliche noch ungeöffnete Herkulanische Papyri in einem Synchrotron fern von Neapel zu röntgen, ist die Aussage, dass mobile Micro-CTs, die relativ problemlos in die *Officina* zu bringen wären, zur Gewinnung der Rohdaten ausreichend sein könnten, sehr bedeutsam. Das Team um Seales muss nun anhand (möglichst vieler) geöffneter Fragmente die Computer „trainieren", die Tinte im Inneren der Rollen zu lesen. Für diesen Ansatz der Verknüpfung von *machine learning* und *virtual unrolling* wurden Seales kürzlich finanzielle Mittel zur Verfügung gestellt (*The Andrew W. Mellon Foundation*) und eine Kooperation mit der Nationalbibliothek in Neapel vereinbart.[145] Der Leiter der *Officina dei papiri* und auch der Leiter der Nationalbibliothek stehen technischen (nicht-invasiven) Versuchen an den Papyri sehr aufgeschlossen gegenüber und haben sich in den letzten Jahren als große Stütze für derlei Unterfangen erwiesen. Als wäre die Dramaturgie des Entrollens der Herkulanischen Papyri in den letzten 250 Jahren nicht schon allzu oft überstrapaziert worden, erreichten zwar die ersten technischen Gerätschaften Anfang 2020 Neapel, aber die Wissenschaftler kamen bis heute nicht an – aufgrund von COVID 19. Sie werden frühestens Anfang 2022 ihre Arbeit aufnehmen können. Indes, was wiegen schon 2 Jahre Verspätung bei seit rund 2000 Jahren verschlossenen Rollen. Das Team um Seales ist auch mit der *GreekSchools*-Gruppe um Ranocchia (13.2.5) in Kontakt, so dass

---

der Getty-Villa statt. Siehe für wesentliche Aussagen auch Clifford Parker/Stephen Parsons/Jack Bandy/Christy Chapman/Frederik Coppens/ Brent Seales, „From invisibility to readability: Recovering the ink of Herculaneum," *PLoS ONE* 14, 5 (2019), e0215775.
145 Es sei auch erwähnt, dass im Zuge des Elephantine-Papyri-Projektes (ELEPHANTINE „Localizing 4000 Years of Cultural History. Texts and Scripts from Elephantine Island in Egypt" [Projekt 637692 – H2020]) virtuelles Aufrollen an ägyptischen Rollen mit Teilerfolgen erprobt wurde, siehe Heinz Mahnke/Tobias Arlt/Daniel Baum/Hans Hege/Felix Herter/Nobert Lindow/ Ingo Manke/Tzulia Siopi/Eve Menei/Marc Etienne/Verena Lepper, „Virtual Unfolding of Folder Papyri," *Journal of Cultural Heritage* 41 (Jan/Feb 2020): (264–269).

sich für einige Fragen in den nächsten Jahren Synergieeffekte und Kooperationen ergeben könnten.[146]

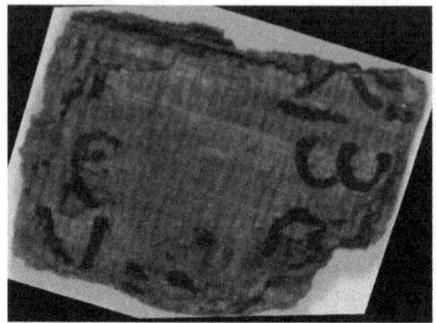 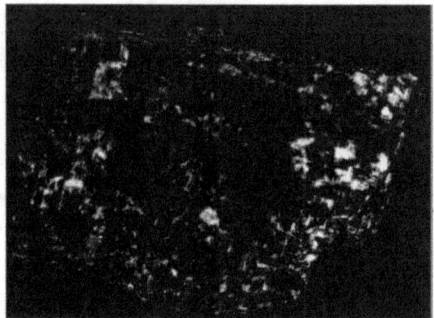

Abb. 44: „Trainingsfragment" für machine learning (linker Teil)

Abb. 45: Omega durch machine learning in CT-Daten erkannt (rechter Teil)

11.5 Erfolg des *virtual unrolling* als „kleine Renaissance"? – Hunderte neue Texte

Welcher Forscher oder welches Forscherteam wird mit dem *virtual unrolling* als „neuer Antonio Piaggio" (4.2) in die Annalen der Herkulanischen Papyrologie, ja in die der Altertumswissenschaften eingehen? Wird es überhaupt jemand sein? Gegenwärtig ruhen die größten Hoffnungen auf dem Team um Brent Seales, aber es ist schwierig einzuschätzen, wie weit er tatsächlich noch vom virtuellen Lesen der Rollen entfernt ist. Eine noch nicht letztgültig positiv beantwortete Grundfrage ist, ob das *virtual unrolling* aus physikalisch-wissenschaftlicher Sicht bei den Herkulanischen Rollen überhaupt *potentiell* den Text im Inneren lesbar machen kann. Zwar spricht vieles dafür, aber die Frage wird wohl erst mit dem Erfolg, d.h. dem gesicherten Lesen von Textelementen, beantwortet sein. Bei ausbleibendem Erfolg in den nächsten Jahren könnte die Schlussfolgerung unvermeidlich sein, dass *virtual unrolling* bei den Herkulanischen Rollen aus

---

146 Auch sei auf den Beitrag von Sara Stabile/Francesca Palermo/Inna Bukreeva/Daniel Mele/Vincenzo Formoso/Roberto Bartolino/Alessia Cedola, „A computational platform for the virtual unfolding of Herculaneum Papyri," *Scientific Reports* 11 (1) 1695 (Jan 2021) hingewiesen.

naturwissenschaftlich-technischen Gründen nicht erfolgversprechend oder nicht machbar ist. Es ist die aufrichtige Hoffnung aller Papyrologen, dass das *virtual unrolling* in den nächsten Jahren, vielleicht schon in sehr naher Zukunft – ganz gleich durch welches Team oder welchen Ansatz genau – gelingt und in absehbarer Zeit alle noch geschlossenen Rollen der Herkulanischen Sammlung Stück für Stück virtuell lesbar gemacht werden.[147]

Aufgrund der nun schon lange währenden Arbeiten ist zwar eine gewisse Skepsis nicht unberechtigt, aber die Aussagen von Seales lassen es möglich erscheinen, dass schon bald ein Durchbruch gelingen könnte, d.h. die Rollen virtuell aufgewickelt werden. Wenn es gelingen sollte, diese hunderten von ungeöffneten Rollen virtuell aufzuwickeln und den Text im Inneren (virtuell) zu lesen, käme dies beinahe einer zweiten, kleinen Renaissance gleich. Es würden nämlich zahlreiche relativ frühe griechische und lateinische antike Texte zum Vorschein kommen, die über Epikur hinaus ganz neue Perspektiven für die Altertumswissenschaft eröffnen. Allerdings fängt in dem Moment, wo die Physiker und Informatiker ihren Part erledigt haben, die Arbeit der Papyrologen und Klassischen Philologen erst wirklich an, da nicht davon auszugehen ist, dass diese Texte ohne Lücken mühelos ablesbar sind und die digitalen Bilder gleichsam automatisch, ohne weitere, nennenswerte philologische Arbeit in Textausgaben überführt werden können.

Was aber wäre zu tun, wenn sich das *virtual unrolling* in den nächsten 5–10 Jahren wider Erwarten als nachhaltig fruchtlos und nicht durchführbar erweist? In diesem Fall sollte man meines Erachtens überlegen, ob nicht auf Basis der naturwissenschaftlichen und medizinischen Fortschritte der letzten zwei Jahrzehnte eine „moderne Piaggio-Maschine" zu entwerfen ist, durch welche die Papyri ohne substantielle Zerstörung entrollt werden könnten, wobei etwa feinste, operative Methoden in der Medizin wegweisend sein könnten. Sollte man wirklich zu invasiven Methoden zurückkehren müssen, wären diese heutzutage wohl faktisch viel weniger „invasiv" und zerstörerisch als frühere invasive Ansätze wie etwa die Oslo-Methode.

---

147 Vgl. Fleischer, „Report about Congress" (wie Anm. 139), 225. Auch wenn die erste Herkulanische Rolle virtuell aufgewickelt ist, dürfte es noch einige Zeit dauern, bis alle Rollen der Sammlung entwickelt sind – je nachdem, inwieweit der Vorgang „automatisiert" werden kann, und je nachdem, ob überhaupt sämtliche Rollen adäquat virtuell aufgewickelt werden können.

12 Wieviel Text enthalten die noch geschlossenen Rollen? Ein Quantifizierungsversuch

οἱ δ' ἀριθμοὶ πάσης τῆς φύσεως πρῶτοι

Pythagoreer (nach Aristoteles)

Wieviel Text verbirgt sich noch in den ungeöffneten Rollen der *Officina dei papiri* in Neapel? Diese angesichts der „absehbaren" virtuellen Öffnung dieser Rollen eigentlich naheliegende Frage wurde bisher noch nicht gestellt, d.h. noch kein nicht-trivialer Quantifizierungsversuch gewagt. Jedoch kann eine quantitative Orientierung mit den neu entwickelten mathematisch-bibliometrischen Methoden (siehe 13.1.4) ohne allzu viel Aufwand und mit einer gewissen Aussagekraft gewonnen werden (Wie viele Kolumnen? Wie viele Wörter? Wie viele Referenzseiten?).

Zu diesem Zweck sollten wir uns vor Augen führen, dass die verschiedenen Wicklungen einer Papyrusrolle (genauer: des Querschnitts einer Papyrusrolle), welche genaugenommen einer archimedischen Spirale gleicht (siehe 13.1.4), approximativ als konzentrische Kreise um den Mittelpunkt der Rolle herum angesehen werden können. Sie sind je nach „Festigkeit" der Wicklung bzw. Dicke des Papyrus zwischen 0,1 und 0,25 mm voneinander entfernt.[148] Daraus folgt, dass die Breite der Wicklungen im aufgewickelten Zustand der Papyri in der Regel um etwa 1–2 mm pro Wicklung abnimmt (von links nach rechts).

---

148 Dazu Holger Essler, „Rekonstruktion von Papyrusrollen auf mathematischer Grundlage," *CErc* 38 (2008): (273–307), 286.

Wieviel Text enthalten die noch geschlossenen Rollen? Ein Quantifizierungsversuch — 73

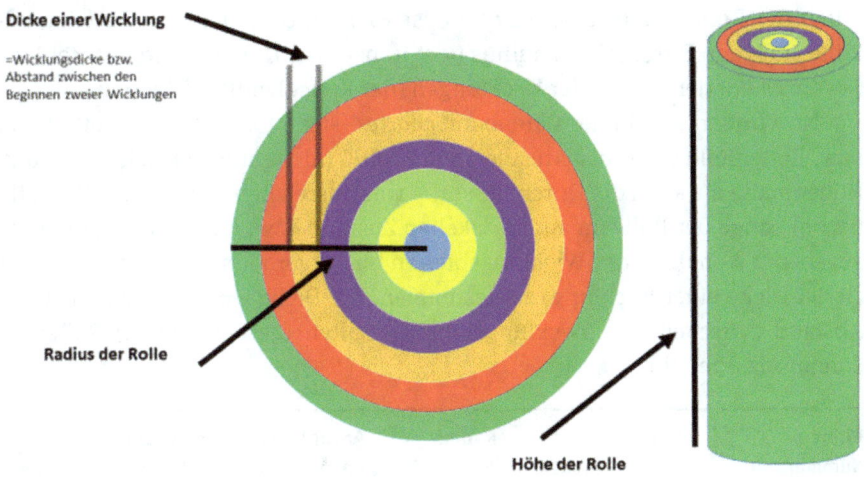

Aufgewickelte Rolle –
Die Wicklungsbreite (=Umfang der einzelnen Kreise) nimmt von links nach rechts (=von außen nach innen) konstant ab (um 2π * Wicklungsdicke)

Abb. 46–47: Geschlossene Rolle im Längs-und Querschnitt sowie aufgewickelte Rolle

Der Umfang jedes dieser Kreise (Wicklungen) lässt sich einfach durch die aus der Schule bekannte Formel 2*π*r (äquivalent zu d*π) berechnen, wobei r für den Radius und d für den Durchmesser steht. Um die Mantelfläche der Rolle über jedem Kreis zu ermitteln, multipliziert man nun einfach mit der Höhe, da die Rollen (approximativ) als Zylinder angesehen werden können. Addiert man nun die Umfänge aller Kreise (Wicklungen) erhält man die Länge der Rolle; addiert man die Mantelflächen aller Zylinder erhält man folglich den Flächeninhalt der Rolle.[149] Für unsere Zwecke ist wichtig, dass man für die Länge der Rolle auch den Durchschnittsradius (= r* π) bzw. die Durchschnittsmantelfläche (= r* π*h) mit der Anzahl der Wicklungen (der Kreise) multiplizieren kann.

Nun finden sich in der Datenbank *chartes* (siehe 13.2.2) für etwa 600 Rollen bzw. Rollenteile unter der Angabe „non svolti" (nicht aufgewickelt) sowohl die Höhenmaße als auch die Durchmesser,[150] was ausreichend ist, um die (hypothetische) Länge der Rolle im aufgewickelten Zustand bzw. ihren Flächeninhalt bei gegebener Abnahme der Wicklungsbreiten im aufgerollten Zustand (also implizit der Dicke einer Wicklung) zu bestimmen. Die Dicke einer Wicklung bzw. der Abstand zwischen den Wicklungen ist bei allen (geschlossenen) Rollen der Sammlung ähnlich.

PHerc.-Nummer (ungeöffnete Rollen)	Höhe h (cm)	Durchmesser d (cm)	Radius r (cm)	Anzahl (Z) der Wicklungen bei Änderung der Wicklungsbreite um		
				0,10 cm	0,15 cm	0,20 cm
7	9,5	5,7	2,85	179	119	89
8	9,3	4,5	2,25	141	94	71
12	8,2	4,8	2,40	151	100	75
20	10,2	5,2	2,60	163	109	82
22	15,5	4,9	2,45	154	103	77
23	10,4	6,8	3,40	214	142	107
...						
1810	11,0	2,8	1,40	88	59	44

Die Anzahl der Wicklungen wurde auf ganze Zahlen gerundet. Sie ergibt sich mittels Division des Radius durch die (konstante) Dicke einer Wicklung im unaufgerollten Zustand (drei verschiedene Werte in der Tabelle).[151]

---

149 Alternativ kann man die Höhe der Rolle mit den aufaddierten Umfängen der Kreise multiplizieren.
150 Für Hilfe beim Erstellen der Roh-Excel-Tabelle im Rahmen des von mir gegebenen Kurses „Vom Vesuv verschüttet – Die Papyri von Herkulaneum im Digitalen Zeitalter (Eine Einführung)" im WS 2018/2019 an der Universität Würzburg danke ich Linnea Behncke und Sebastian Schmidt. Rollen, für die keine oder keine vollständigen Angaben vorlagen, wurden nicht berücksichtigt.
151 Die Dicke ergibt sich durch Division der Änderung der Wicklungsbreite im aufgerollten Zustand durch 2 π, ergo entspricht 0,10 cm (0,15 cm/0,20 cm) Änderung der Wicklungsbreite etwa einer Dicke von 0,16 mm (0,24 mm bzw. 0,32 mm).

PHerc.-Nummer (ungeöffnete Rollen)	Flächeninhalt (F) der Rolle bei Änderung der Wicklungsbreite um		
	0,10 cm	0,15 cm	0,20 cm
7	15218 cm²	10117 cm²	7566 cm²
8	9264 cm²	6176 cm²	4665 cm²
12	9331 cm²	6180 cm²	4635 cm²
20	13573 cm²	9077 cm²	6828 cm²
22	18363 cm²	12282 cm²	9182 cm²
23	23761 cm²	15766 cm²	11880 cm²
...			
1810	4255 cm²	2853 cm²	2128 cm²
Summe aller Rollen	8.356.499 cm²	5.573.886 cm²	4.179.041 cm²

Um den Flächeninhalt der Rollen zu berechnen, multipliziert man die Mantelfläche des Durchschnittszylinders ($2*\pi*(r/2)*Z*h$) mit der Anzahl der Wicklungen. Für PHerc. 7 würde man bei Annahme von Änderung der Wicklungsbreite von 1 mm pro Wicklung (= 0,16 mm Dicke der Wicklung) also wie folgt rechnen: $2*\pi*(2,85/2)*179*9,5 = 15218 cm^2$.[152]

Jedoch haben die hunderten verbogenen Rollen(teile) oft keine echte Zylinderform, ein Umstand dem durch einen Korrekturfaktor unbedingt Rechnung getragen werden muss. Der in der Datenbank angegebene „Durchmesser" meint in der Regel die breiteste Ausdehnung der Grundfläche der Rolle. Die Grundfläche vieler Rollen ist aber ellipsenförmig; andere gleichen einem polygonen Stumpf. Der Flächeninhalt der Grundfläche ist folglich meist kleiner als der eines Kreises mit entsprechendem Durchmesser. Weitaus gewichtiger ist aber, dass die Rollen in der Höhe auch öfters Kegeln und keinen perfekten Zylindern gleichen. Ferner sind sie teils zu konturlosen und komplexen Gebilden verformt, die eine geringere Mantelfläche als ein Zylinder haben.[153]

Ein Kegel hätte die Mantelfläche $\pi*r*\sqrt{h^2 + r^2}$, was bei unseren Rollen immer (beträchtlich) kleiner als die Mantelfläche eines Zylinders ist ($2*\pi*r*h$), mit Grenzwerteigenschaft dahingehend, dass die Mantelfläche des Zylinders bei

---

[152] Für π wurde mit 3,14 gerechnet. Die Zahl „zwei" kürzt sich angenehm heraus.
[153] Bezüglich der Rollen sind hier die vergleichsweise wenigen Fälle ausgeklammert, in welchen durch die Krümmung der Rolle die in der Vertikalen gemessene Höhe das Volumen und Mantelfläche der Rolle unterschätzt.

gleichem Durchmesser fast doppelt so groß ist wie die des Kegels.[154] Man könnte nun alle erhaltenen Rollen fiktiv als Kegel ansehen, was bedeuten würde, dass die Werte in der Tabelle etwa zu halbieren wären (Multiplikation mit 0,5), um den wahren Flächeninhalt der Rolle zu ermitteln. Man könnte einwenden, dass eine solche Kegelbetrachtung für die erhaltenen Rollenteile etwas übertrieben ist, wogegen man wiederum einwenden könnte, dass die Grundfläche vieler Rollen eher elliptisch ist, was die übertriebene Kegelbetrachtung „ausgleichen" würde. Die vielen verschiedenen Rollen- bzw. Stumpfformen, welche sich unter den etwa 600 berücksichtigten Nummern verbergen, sind schwer auf einen gemeinsamen Nenner zu bringen. Daher seien in folgender Tabelle exemplarisch drei Korrekturfaktoren genutzt, wobei der Faktor 0,5 – der in Richtung Kegel bzw. in Richtung von dessen Mantelfläche geht – am stärksten korrigiert.[155]

PHerc.-Nummer (ungeöffnete Rollen)	Flächeninhalt (F) der Rolle bei Änderung der Wicklungsbreite um 0,10 cm Korrekturfaktor			Flächeninhalt (F) der Rolle bei Änderung der Wicklungsbreite um 0,15 cm Korrekturfaktor			Flächeninhalt (F) der Rolle bei Änderung der Wicklungsbreite um 0,20 cm Korrekturfaktor		
	0,75	0,6	0,5	0,75	0,6	0,5	0,75	0,6	0,5
7	11413	9131	7609	7588	6070	5058	5675	4540	3783
8	6948	5559	4632	4632	3706	3088	3499	2799	2333
12	6998	5599	4666	4635	3708	3090	3476	2781	2317
20	10180	8144	6787	6808	5446	4538	5121	4097	3414
22	13772	11018	9182	9211	7369	6141	6886	5509	4591
23	17820	14256	11880	11825	9460	7883	8910	7128	5940
...									
1810	3191	2553	2128	2140	1712	1427	1596	1277	1064
Alle Rollen (in Mio. cm²)	6,3	5,0	4,2	4,2	3,3	2,8	3,1	2,5	2,1

---

154 Der Ausdruck $\pi \cdot r \cdot \sqrt{h^2 + r^2}$ tendiert für die inneren konzentrischen Kreise immer mehr gegen $\pi \cdot r \cdot h$. Selbst für den größten Außenkreis ist bei der weit überwiegenden Zahl der Tabellenwerte der Ausdruck recht nahe an $\pi \cdot r \cdot h$.
155 Gewiss gibt es auch vereinzelte Rollen, die etwa nur an einem Ende nach oben ragen, und deren Mantelfläche somit selbst durch die Mantelfläche eines Kegels noch überschätzt wäre.

Nun hat die durchschnittliche Herkulanische Papyrusrolle etwa eine Höhe von 22 cm.[156] Damit läge die fiktive Länge der noch zu entrollenden (fiktiven vollständigen) Rollen der Sammlung je nach Wicklungsbreite und Korrekturfaktor zwischen 950 und 2850 Metern. Bei Annahme von 6,5 cm Abstand zwischen den Kolumnenbeginnen (interkolumnarer Raum) kommt man ja nach Annahmen auf zwischen 15.000 und 43.000 (vollständige!) Kolumnen.[157]

	Text in allen noch unaufgerollten Rollen Bei Änderung der Wicklungsbreite um								
	0,10 cm Korrekturfaktor			0,15 cm Korrekturfaktor			0,20 cm Korrekturfaktor		
	0,75	0,6	0,5	0,75	0,6	0,5	0,75	0,6	0,5
Länge (m)	2849	2279	1892	1900	1520	1267	1425	1140	950
Kolumnen (Taus.)	43	35	29	29	23	19	22	18	15
Wörter (Mio.)	4,9	3,9	3,3	3,3	2,6	2,2	2,5	2,0	1,6
OCT-Seiten (Taus.)	25	20	16	16	12	11	12	10	8
OCT-Bände	98	79	65	65	52	44	49	39	33

Im Schnitt sind etwa 17 cm dieser Höhe beschrieben (etwas mehr als 2 cm oberer und unterer Rand), d.h. die Höhe einer Kolumne entspricht etwa 17 cm, in welcher durchschnittlich ungefähr 32 Zeilen Platz finden.[158] Bei Annahme von etwa 3,5 Wörtern pro Zeile ergibt sich,[159] dass in den heute noch unaufgerollten Rollen der Herkulanischen Sammlung in jedem Fall über 1,5 Mio. Wörter zu lesen wären. Nun habe ich für eine typische Seite eines Prosatextes in der Reihe Oxford Classical Texts (OCT) etwa 200 Wörter und für einen typischen OCT-Prosaband etwa 250 Seiten angenommen.[160] Je nach Annahme der beiden Vari-

---

156 Vgl. Cavallo, *Libri scritture scribe* (wie Anm. 65), 16. Für die folgenden Berechnungen wurde die plausible Annahme getroffen, dass sich die Rollenteile letztlich hinsichtlich der Ränder bzw. keinen Rändern ergänzen, was auch durch das Faktum, dass viele der Rollenteile ganz offenbar von identischen Rollen stammen, die in Stücke gebrochen sind, gerechtfertigt ist.
157 Für die Breite vgl. Cavallo, *Libri scritture scribe* (wie Anm. 65), 18–19 (die Zahl ist im Hinblick auf die Kolumnenzahl konservativ gewählt). Zum Vergleich: Philodems *De morte IV*, von dem uns nur die letzten ca. 40 Kolumnen unvollständig erhalten sind, hatte 118 Kolumnen.
158 Cavallo, *Libri scritture scribe* (wie Anm. 65), 18.
159 Schätzung anhand der Durchschnittszeilenlänge von etwa 18 Buchstaben pro Zeile, vgl. Cavallo, *Libri scritture scribe* (wie Anm. 65), 18.
160 Eigene Zählung bzw. eigene Schätzung. Die Werte sind eher konservativ angesetzt, d.h. tendenziell wurden eher mehr Wörter pro Seite und mehr Seiten pro Band geschätzt. Man

ablen Änderung der Wicklungsbreite (bzw. Dicke der Wicklung) und Korrekturfaktor wäre somit noch Text im Umfang von etwa 8000 bis 25.000 OCT-Seiten (entspricht etwa 30–100 Bänden) in den Rollen verborgen. Diese würden wohl von etwa 300 verschiedenen (fiktiv vollständigen) Rollen (Werken) stammen (300 mit erheblicher Varianz), denen die 600 für die Tabellen-Berechnungen erfassten Rollenteile (und zusätzlich dutzende nicht erfasste Rollenteile) zuzurechnen sind. In einer „Kontrollrechnung" ergäben ca. 3–10 fiktiv-vollständige Rollen einen OCT-Band, was plausibel ist (je nach durchschnittlicher Rollenlänge).

Nun wären gewiss noch die ἄγραφα und die πρωτόκολλα, also die leeren Blätter zu Beginn und Ende von Rollen, sowie teils *umbillici*[161] in Abzug zu bringen (welche vielleicht durch mehrere ob fehlender Angaben in meiner Rechnung nicht berücksichtigter Rollen ausgeglichen würden), und einige würden vielleicht mit noch größerer (übertriebener) Vorsicht obige Variablen anders (noch konservativer) ansetzen, so dass ich mich vorsichtshalber in meiner Bewertung nur auf die niedrigsten Werte in der Tabelle (ganz rechts – Korrekturfaktor 0,5 und Wicklungsbreitenänderung 0,2 cm) beschränken will. Selbst in diesem nach meinen Berechnungen „schlechtestem" Fall wären durch das *virtual unrolling* noch ca. 8000 „Referenzseiten" antiken Textes zu gewinnen. Da bisher eher die besser erhaltenen Rollen geöffnet wurden und die lateinischen Rollen ganz offenbar eher zu den schlechter zu öffnenden Rollen gehörten, dürfte das bisherige Übergewicht griechischer zu lateinischen Papyri von etwa 10:1 bei den ungeöffneten Rollen weniger ausgeprägt sein. Unter 8000 neuen Seiten wären gewiss etliche hunderte Seiten lateinischer Literatur.[162] Bei den grob geschätzt 300–400 Werken in den noch unaufgerollten Rollen wären in den Fällen, wo heute fast vollständige Rollen erhalten sind, wohl 70–100% des Textes wiederherstellbar oder kombinierbar, bei den kleineren „Stumpfresten" teils weniger als 10%.

Die Zahlen zeigen, welch große Menge an Text aus den Rollen *theoretisch* noch zu gewinnen ist. Allerdings beruhen die Überlegungen und Rechnungen auf der Voraussetzung, dass das *virtual unrolling* relativ maschinell-problemlos funktioniert und insbesondere im Inneren der Rollen keine Fusionen (Verschmelzungen) von Wicklungen stattgefunden haben, welche den Text inner-

---

erkennt in der Tabelle auch, dass die Werte für 0,10cm/0,5 Korrektur sowie 0,15cm/0,75 Korrektur bis auf Rundungsfehler identisch sind.

161 Einige Rollen wurden um dünne Stangen (*umbillici*) gewickelt, welche am Ende der Rollen angebracht waren.

162 Jedoch gilt es für diese Überlegungen Unterschiede im Format zu berücksichtigen.

lich zerstört und weitestgehend unlesbar gemacht haben. Die Identifikation der Wicklungen über beinahe die ganze Höhe geschlossener Rollen (siehe 11.2) und die bisherigen *virtual unrolling*-Versuche (11.3) sprechen erfreulicherweise tendenziell gegen solche inneren, vernichtenden Verschmelzungen in größerem Umfang (bei mehreren Rollen). Jedenfalls sollte durch diese erste, mathematisch-bibliometrische untermauerte Quantifizierung des textuellen *Potentials* noch geschlossener Rollen(teile) deutlich geworden sein, welche Menge an neuem Text bei einem Erfolgt des *virtual unrolling* im Raum steht und was unter „Da ist noch viel Text in den ungeöffneten Rollen!" konkret-quantitativ zu verstehen ist. Selbst bei den (realistisch gewählten) konservativsten Variablen kommt man auf über 8000 OCT-Seiten, d.h. über 30 Bände neuen Text. Auch wenn wir hier nochmals etwaige Probleme in Abzug bringen, dürften doch mindestens über ein Dutzend moderne Norm-Bände antiker Literatur zu gewinnen sein. Die neuen Texte würden ein breites Spektrum von Autoren und Gattungen abdecken, gewiss mit Dominanz griechisch-epikureischer Texte.

13 Neue editorische Ansätze und digitale tools – die philologische Revolution

Ἐν ἀρχῇ ἦν ὁ λόγος ...

Evangelium nach Johannes 1,1

13.1 Neue philologische Methoden als Faktoren verbesserter Editionen

Es mag im ersten Moment überraschen, dass in den letzten Dekaden nicht nur technische Neuerungen, sondern auch viele genuin papyrologisch-philologische Neuansätze einen entscheidenden Beitrag zu verbesserten Editionen geleistet haben. Die wichtigsten Entwicklungen und Methoden seien im Folgenden skizziert.

13.1.1 Autopsie der Papyri und Transkription

Janko (2016) hat eine ansprechende Anleitung für das Lesen und Edieren eines Herkulanischen Papyrus verfasst – mit einzelnen Arbeitsschritten vom Beschaffen von Arbeitsmaterial und der Anmeldung in der *Officina* bis hin zur Erstellung und Revision eines Manuskripts.[163] Er empfiehlt zunächst eine handschriftliche Transkription anhand der MSI anzufertigen und diese anschließend am Original zu verifizieren. Der Ansatz und die Reihenfolge der vorgeschlagenen Arbeitsschritte sind stimmig, aber nicht sinnvoll auf alle Einzelfälle übertragbar. Jeder Papyrologe hat eine eigene, im Detail abweichende Herangehensweise entwickelt, die gewisse Vor- und Nachteile zeitigt. Manche Forscher zeichnen die Papyri erst vom Original ab, teils auf größeren Bögen im Format der *cornici* („piece mapping"),[164] teils kolumnenweise im DIN A4-Format. Durch das Abzeichnen der Papyri am Original (und nicht durch das Abzeichnen der MSI) erhält man einen besseren Eindruck von der Arbeit der *disegnatori* und kann einige Fehler oder Eigenarten in den *Disegni*, etwa das unbewusste „Normieren" von Buchstabenformen oder auch die falsche „Distanzmessung" bei großen

---

[163] Janko, *How to read* (wie Anm. 5), 119–134.
[164] Diese Methode wurde von Graziano Ranocchia eingeführt und in seinen Projekten verschiedentlich angewandt, um die Stratigraphie der Papyri besser studieren zu können und Lagen einfacher zurückzuversetzen.

Lücken, besser nachvollziehen. Oftmals arbeitet man „parallel" mit den MSI (am Laptop) und dem Original. Manche Papyrologen übertragen die Beobachtungen auch direkt in den Computer. Man vergleicht (Zeile für Zeile) die MSI mit dem Original und prüft, ob die MSI fälschlicherweise Tinte anzeigen, wo im Original nur Risse oder Löcher zu sehen sind. Ferner versucht man eindeutig lesbare Buchstaben auf den MSI im Original zumindest ansatzweise zu erkennen oder zu erahnen. Ist dies nicht möglich, muss man akzeptieren, dass die MSI mehr als das menschliche Auge „sehen" (und behandelt die Buchstaben in der Edition als wären sie im Original lesbar). Die *cornici* müssen für das Lesen am Original regelmäßig vorsichtig mit beiden Händen um einige Grad aus der Horizontalen herausgedreht werden. Für das Lesen und folglich auch Transkribieren der Herkulanischen Papyri benötigt man – ganz unwissenschaftlich – gute Augen.

Meist verfassen die Papyrologen anhand der MSI oder eigener Abzeichnungen ein vorläufiges diplomatisches Transkript (oder ein artikuliertes Transkript bzw. einen Zwitter) und prüfen dieses (insbesondere eigene Ergänzungen) auf Kompatibilität mit dem Original. Die eigentliche philologische Denk- bzw. Puzzlearbeit findet im Wesentlichen außerhalb der *Officina* bzw. außerhalb Neapels vor dem PC oder den Aufzeichnungen/Transkripten statt, aber der Prozess des Lesens der Papyri (das Erkennen von Tinte) ist nicht immer trennscharf von der Philologie (möglichen Ergänzungen) zu scheiden. Die Herausgeber testen ihre philologischen Hypothesen am Original und oftmals führen lexikalische/philologische Notwendigkeiten auch zu einer Korrektur der ersten (vorläufigen) Transkription, d.h. des vermeintlich Gelesenen. Bei der Arbeit am Original ist das Erkennen von Lagen von besonderer Bedeutung (siehe 13.1.6). Einige Papyrologen fügen dem artikulierten (= literarischen) Transkript heute mehr oder weniger ausführliche Spurenbeschreibungen bei, während andere Papyrologen diplomatische Transkripte mit Spurenbeschreibung in Reinform erstellen.[165] In meinem Apollodor-Buch[166] und in der künftigen Gesamtausgabe des *Index Academicorum* streb(t)e ich bezüglich Spurenbeschreibung und diplomatischem Transkript eine gewisse Konvergenz mit der Darstellung in der *The Oxyrhynchus Papyri*-Serie an. Prinzipiell wurden die philologisch-papyrologischen Angaben in Ausgaben der letzten zwei Jahrzehnte durch die Möglichkeiten moderner Textverarbeitungsprogramme immer genauer und komplexer (besonders im Hinblick auf Lagen und *Disegni*). Diese Entwicklung

---

165 Ein echtes diplomatisches Transkript wurde erstmals von Holger Essler, „Falsche Götter bei Philodem (Di III Kol. 8, 5 – Kol. 10, 6)," *CErc* 39 (2009): (161–205) angefertigt.
166 Vgl. Fleischer, *Apollodorus' Chronica* (wie Anm. 112).

ist an sich begrüßenswert und war auch ein „versteckter" Treiber vieler Verbesserungen, aber es besteht die Gefahr, dass durch ein Zuviel an papyrologischer Information die Lesbarkeit für Nicht-Fachleute negativ beeinträchtigt wird.[167] Es ist essentiell, dass man sich beim Lesen der Papyri nicht unbewusst von philologischen Überlegungen oder Intentionen leiten lässt, welche den Spuren im Papyrus zuwiderlaufen. Eine objektive Transkription Herkulanischer Papyri ist wegen der Karbonisation mit ihren mannigfaltigsten Schwarzschattierungen ein schwieriges Unterfangen, erfordert viel Zeit und ist dennoch nur selten *absolut* „objektiv". In einigen Fällen haben wir es bei der Beschreibung der Spuren faktisch mit gediegenen Wahrscheinlichkeitsaussagen zu tun. Auch üben frühere Editionen eine gewisse psychologisch-normative Kraft aus und verleiten häufig dazu, der vermeintlichen Autorität leichtfertig zu vertrauen und bisherige Lesungen im Papyrus erkennen zu wollen – auch wenn sie objektiv nicht mit den Spuren im Einklang sind. Die Rekonstruktion nur weniger Zeilen Herkulanischer Papyri kann mehrere Wochen in Anspruch nehmen, da wie in einem Kreuzworträtsel oder Schachspiel verschiedene Kombinationen oder Pfade, d.h. lexikalische Varianten, für die Lücken ausgetestet werden müssen und die syntaktische Grundstruktur oftmals schwer zu erkennen ist (siehe 14).

13.1.2 Archivarbeit in der *Officina*

Bei der Katalogisierung der Papyri und dem Kleben auf die *cornici* im 18. und 19. Jahrhundert kam es mitunter zu heilloser Unordnung und chaotischer Nummernzuteilung – teils ist die Schuld in Unzulänglichkeiten der Verantwortlichen, teils in widrigen externen Umständen zu suchen. Stücke ein und derselben Rolle sind heute unter verschiedenen Inventarnummern zu finden – oder eben auch nicht zu finden. Bisweilen gehören über zehn PHerc.-Nummern zur selben Rolle, wobei auf einigen *cornici* bzw. unter einigen Nummern die Teile von mehreren verschiedenen Papyri zusammengeklebt wurden. Durch akribische Archivarbeit in den Unterlagen der *Officina dei papiri* hat man in Verbindung mit anderen Kriterien in vielen Fällen wieder zusammenführen können, was zusammengehört. Insbesondere ist die Entdeckung des ältesten Inventars

---

[167] Durch eine Trennung von diplomatischem und artikuliertem Transkript (und keiner Kreuzung) kann eine Überfrachtung mit diakritischen Zeichen im artikulierten Transkript verhindert werden.

der Papyri aus der Zeit Piaggios zu erwähnen,[168] was verbunden mit neuen bibliometrischen Verfahren (13.1.4) oft eine Kalkulation der ursprünglichen Rollenlängen bzw. des verlorenen Textes erlaubt. Auch bezüglich der Zuordnung von *Disegni*, die manchmal irreführende, nicht mit dem Erhaltenen kompatible Nummern haben, konnten Einzelstudien mehrere Probleme lösen. Somit sind Beiträge zur „Geschichte der *Officina*", etwa zur Entrollung, Abzeichnung und (Um)Lagerung, nicht unter der Rubrik „Wissenschaftsgeschichte" oder belanglose „Sammlungsgeschichte" abzuhaken, sondern haben sehr oft eine unmittelbare Relevanz für die Rekonstruktion der Papyri oder die Zuweisung von Fragmenten, also letztlich für die *restitutio textus*. Viele einschlägige Dokumente wurden nicht nur in der *Officina* selbst, sondern bspw. auch im *Museo Archeologico Nazionale* (früherer Aufbewahrungsort der Papyri) oder in Oxford wiedergefunden. Herausgeber versuchen die Geschichte ihres Papyrus (Entrollung, ggf. mit *scorzatura parziale*, Einzelteile, Abzeichnungen) sehr sorgfältig zurückzuverfolgen, um sich eine optimale Basis für die Rollenrekonstruktion und Edition zu verschaffen.[169] Grundlegende Archivarbeit vieler Forscher während der letzten Jahre hat für kommende Neuausgaben eine bessere Ausgangslage geschaffen.

13.1.3 Delattre-Obbink-Methode (Reihenfolge der *scorze*)

Auch wenn ab der Zeit von Piaggio schon bald keine *scorzatura totale* mehr durchgeführt wurde (siehe 4.1), war es doch oft noch nötig, die äußeren Lagen des Papyrus abzutrennen (siehe 4.2), um an den relativ gut ausrollbaren Mittelteil der Rollen (*midollo*) heranzukommen. Dabei entstanden oft (mehrere) Halbzylinder, welche von innen nach außen ausgekratzt wurden (*scorzatura parziale*), wobei die abgezeichneten Lagen (Fragmente bzw. *scorze*) zerstört wurden, um das nächste Blatt abzeichnen zu können. Die *disegnatori* nummerierten mit der Zahl 1 beginnend durch. Folglich ist das innerste Fragment mit 1 bezeichnet und die Fragmente erscheinen in numerisch inverser Reihenfolge, d.h. nicht in der Reihenfolge, in welcher sie im Papyrus relativ aufeinanderfol-

---

168 Vgl. David Blank und Francesca Longo Auricchio, „Inventari antichi dei Papiri Ercolanesi," *CErc* 34 (2004): (39–152). Weitere wichtige Beiträge mit Relevanz für die Textherstellung sind etwa Bassi, Piaggio e i primi tentativi (wie Anm. 36); Blank, „Reflections on Rereading Piaggio" (wie Anm. 36); Holger Essler, „ΧΩΡΙΖΕΙΝ ΑΧΩΡΙΣΤΑ. Über die Anfänge getrennter Aufbewahrung der Herkulanischen Papyri," *CErc* 40 (2010): (173–189).
169 Vgl. Janko, „How to read" (wie Anm. 5), 134–137.

gen. Die Herausgeber im 19. und 20. Jahrhundert dachten nicht weiter über die Nummerierung und den Prozess der Fragment-Gewinnung nach und nahmen natürlicherweise an, dass „Fragment 1" auch das erste Fragment (am Anfang bzw. relativ vorne) im Papyrus war und Fragment 2, Fragment 3 usw. in der der Folge ihrer Nummerierung relativ aufeinander folgten. Somit wurden diese Fragmente in allen früheren Ausgaben in falscher Reihenfolge gelesen bzw. angeordnet! Erst in den 1990er Jahren erkannten Daniele Delattre und Dirk Obbink unabhängig voneinander,[170] dass die Fragmente invers zu ihrer tatsächlichen Reihenfolge im Papyrus nummeriert sind und „umgedreht" werden müssen, was für das korrekte Extrapolieren von längeren Gedankengängen, Strukturen oder Argumentationsabschnitten entscheidend ist.

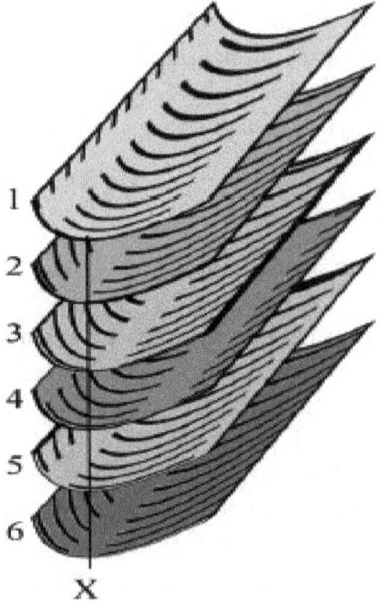

Abb. 48: Falsche Nummerierung der *scorze* – eigentlich ist Fragment 6 das „erste" Fragment der Rolle

---

170 Vgl. Delattre, *rouleaux d' Herculanum* (wie Anm. 5), 116–119. Jedoch hat schon Adolf Schober, „Philodemi De pietate pars prior," *CErc* 18 (1988): (67–125) 67,70 Fragmente ohne tiefere Erläuterung im Sinne dieser Methode umgeordnet.

13.1.4 Neue mathematisch-bibliometrische Verfahren zur Rollenrekonstruktion

Aufgrund der (Teil)Entrollung eines Papyrus zu verschiedenen Zeiten und aufgrund von Lücken zwischen Kolumnen oder *cornici* ist es oft nötig zu schätzen, wieviel Kolumnen (bzw. ob Kolumnen) in diesen Lücken oder zwischen Fragmenten verlorengegangen sind, was für die *restitutio textus* (Konjekturen) sehr wichtig ist. Holger Essler (2008) hat in einem grundlegenden Artikel zur mathematischen Rekonstruktion der Rollen frühere Erkenntnisse zusammengefasst, ausgearbeitet und systematische Berechnungsansätze vorgelegt.[171] Ein Schlüsselelement der mathematischen Rekonstruktion sind die Wicklungen (Voluten) der Rolle, welche oftmals am aufgerollten Originalpapyrus gut abgemessen werden können. Wiederkehrende Strukturen – teils ziehen sich Streifen-Strukturen („Sektionen") durch weite Teile des Papyrus – sind hier bedeutsam.[172] Das Prinzip der Wicklungen besteht darin, dass die Breite der Wicklungen der Rollen von innen nach außen jeweils konstant um etwa 1–2 mm pro Wicklung zunimmt.[173] Die Kenntnis des genauen Wicklungsumfangs (= Wicklungsbreite im aufgerollten Zustand) ist für das chirurgisch präzise Platzieren von beim Aufrollprozess falsch hängengebliebenen Lagen (*Sovrapposti* und *Sottoposti*) notwendig. Ferner erlaubt das Wissen darüber, (wieviel) Text zwischen einzelnen Fragmenten des Papyrus ausgefallen ist (oft im Zusammenhang mit der „Entrollgeschichte" des Papyrus bzw. der verschiedenen Papyrusteile, siehe 13.1.2), eine genaue oder ungefähre Rekonstruktion der Länge (von Abschnitten) und Kolumnenanzahl. Hier sind nicht nur die zur Verfügung stehenden messbaren Variablen (etwa Wicklungsbreite, zählbare Kolumnen, ursprünglicher Rollendurchmesser und die Breite der Kollemata), sondern auch „textuelle" Variablen wie etwa stichometrische Zeichen und stichometrische Angaben am Ende der Rolle relevant. Diese Variablen haben eine gewisse Interdependenz und helfen bei der Rekonstruktion der Rolle bzw. von Rollenabschnitten und können zugleich Rekonstruktionshypothesen plausibilisieren

---

171 Vgl. Essler, „Rekonstruktion von Papyrusrollen" (wie Anm. 148). Unter den früheren Arbeiten ist etwa Maria Nardelli, „Ripristino topografico di sovrapposti e sottoposti in alcuni papiri ercolanesi," *CErc* 3 (1973): (104–115) mit Entdeckung des Prinzips der „sezioni" zu erwähnen.
172 Wickelt man ein Blatt Papier (DIN A4) zu einer Rolle fest zusammen und wickelt diese nach einiger Zeit wieder auf, erkennt man schwache Streifen auf dem Papier, die im Abstand von einer Wicklung (Volute), teils auch Halbwicklungen (Semi-Voluten), zueinander liegen. Ähnliches ist bei den Papyri zu beobachten.
173 Essler, „Rekonstruktion von Papyrusrollen" (wie Anm. 148), 286–287.

oder falsifizieren. Diese Methoden wurden in der letzten Dekade von vielen Papyrologen für ihre Neueditionen erstmalig angewendet. Essler hat auch ein frei zugängliches excel-sheet für Kalkulationen entwickelt,[174] wobei der jeweilige (mathematische) Weg zur Rekonstruktion auch bedingt vom Einzelfall abhängt (siehe 12) und man nicht immer schematisch vorgehen kann. Die zugrundeliegenden mathematischen Gedanken sind zwar nicht völlig trivial, aber auch nicht hochkomplex – Papyrologen sollten diese mit etwas Studium nachvollziehen können.

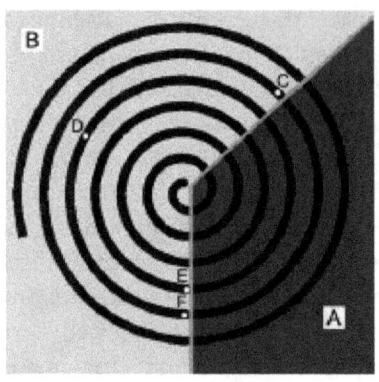

Abb. 49: Papyrusrolle als Archimedische Spirale

Abb. 50: Rollenmodell 1:1

13.1.5 Rollenmodelle

Unter Zuhilfenahme obiger Methoden erstellt man entweder ein physikalisches Rollenmodell im Maßstab 1:1 (Ausdrucken und Zusammenkleben der MSI/*Disegni*) oder ein virtuelles Modell am Computer. Solche Modelle sind keine ästhetischen Spielereien, sondern fast essentiell für das korrekte Platzieren von *Sovra-* und *Sottoposti*, gerade bei stratigraphisch herausfordernden Papyri. Ferner vermitteln die Modelle einen haptischen Überblick über Verlust und Lücken im Papyrus. In den Ausgaben werden Modelle der Rolle oder von Rollenteilen teils bildlich gedruckt, teils bibliometrische Daten in Tabellen zusammengefasst. Einige wichtige Elemente der *mise en page* sind: Länge und Höhe

---

174 Das excel-sheet kann auf http://epikur-wuerzburg.de/ heruntergeladen werden.

der Rolle, Anzahl der Kolumnen, Kolumnenbreite,[175] beschriebener Raum, Zeilen pro Kolumne, Wörter pro Zeile. In den Herkulanischen Papyri selbst steht am Rollenende öfters die Summe der στίχοι, was aber nicht die tatsächlichen Zeilen, sondern „Normzeilen" meint, die meist 1,5 bis 2 Zeilen im Papyrus entsprechen. Auch die Einzelblätter (Kollemata), aus denen die Rolle zusammengeklebt ist, sind manchmal von Interesse.

13.1.6 Exaktere Rückplatzierung falscher Lagen – *Sovrapposti* und *Sottoposti*

Wie bereits dargelegt, hängt die genaue Platzierung falscher Lagen mit der bibliometrischen Rekonstruktion der Rolle, d.h. der Breite der Wicklungen zusammen.[176] Meist reden wir bei den falschen Lagen nicht über Stücke von mehreren Quadratzentimetern, sondern über winzige Fetzen, deren Fläche geringer als 1 cm² (ein Daumennagel) ist. Sie sind in der Hügellandschaft der Papyri nicht immer einfach zu isolieren, da oft unklar ist, ob Risse oder Verwerfungen innerhalb derselben Ebene oder doch verschiedene Ebenen vorliegen. Erfreulicherweise ist zu konstatieren, dass in den letzten Jahren die Identifikation der Lagen mit größerer Akribie und Geduld vorgenommen wurde und viele Neulesungen ermöglichte.[177] Früher verkannte man häufiger Lagen und las Buchstaben(teile) „in Reihe", obwohl sie teils zu anderen Schichten gehörten, was zu einem Phantasietext führte, der nur durch den neuzeitlichen Aufrollprozess zustande gekommen war, aber nicht im antiken Papyrus zu lesen war. Das Identifizieren und Platzieren der Lagen, gerade von kleinsten Teilen, kann sehr ermüdend und zeitraubend sein. Mit verbesserten Mikroskopen und insbesondere dem virtuellen Ausschneiden und Rückversetzen der Lagen am Computer ist das Umordnen der Lagen nun um ein vieles einfacher und ersprießlicher. Nichtsdestotrotz sind einige Lagenidentifikationen oder Rückplatzierungen weiterhin nicht über alle Zweifel erhaben. Marzia D'Angelo hat kürzlich die Anforderun-

---

175 Der interkolumnare Raum (Kolumnenbreite+Interkolumnium) bzw. „Seitenbreite" ist innerhalb eines jeden Herkulanischen Papyrus relativ konstant, vgl. Essler, „Rekonstruktion von Papyrusrollen" (wie Anm. 148), 290.
176 Die Breite der Wicklungen im aufgerollten Papyrus entspricht dem Umfang im unaufgerollten Papyrus. Teils kann auch durch die lexikalisch zweifelsfreie Platzierung solcher Lagen auf die (unbekannte) Wicklungsbreite geschlossen werden.
177 Oft auch mit negativem Effekt: Manche Lesungen wurden durch nun „störende" Buchstaben unmöglich.

gen an eine spezielle Software für eine bessere und leichtere Rückplatzierung der *Sovrapposti* und *Sottoposti* skizziert.[178]

13.1.7 Neue Editionsreihen – Formate und Ansätze (seit etwa 2000)

Während die *Scuola di Epicuro* im letzten Viertel des 20. Jahrhundert fraglos die Rolle des „Platzhirsches" unter den Herkulanischen Editionen einnahm, publizierten auch mehrere Wissenschaftler in anderen Reihen. Zu nennen ist etwa Gaisers Ausgabe des *Index Academicorum* (1988), in der mit viel Aufwand alle *Disegni* des Papyrus abgedruckt wurden und eine Mischung von Kolumnenform und zusammenhängender Übersetzung vorgenommen wurde.[179] Die in den 90er-Jahren begonnene Reihe *The Philodemus translation series* kehrte zur Kolumnendarstellung des griechischen Textes (samt Apparat auf der linken Seite) zurück,[180] wobei der griechische Text nochmals (etwas redundant) als Fließtext samt Übersetzung und Kommentar auf der rechten Seite steht;[181] weitere Bände sind angekündigt.[182] Einer reinen Kolumnenform bediente sich auch Delattre für die Ausgabe von Philodems *De musica* in *Collection Des Universités De France. Serie Grecque* (mit dem griechischen Text auf der rechten Seite).[183] Mit griechischem Text links und englischer Übersetzung rechts erscheinen die Editionen in der Serie *Writings from the Greco-Roman-World*.[184] Auch die *Scuola di Epicuro* ist

---

178 Marzia D' Angelo, „Verso un software per la ricostruzione dei papiri ercolanesi con stratigrafia complessa," *CErc* 50 (2020): (161–162).
179 Gewisse Ähnlichkeit zur Darstellung in „Ricerche sui papiri Ercolanesi," (siehe Anm. 94).
180 So auch schon Tiziano Dorandi, *Filodemo, Storia Dei Filosofi: La Stoà da Zenone a Panezio (PHerc. 1018)* (Leiden, 1994).
181 Die Serie ist auch bekannt als (bzw. verbunden mit) *The Philodemus translation project* (oder: *Philodemus project* – siehe https://classics.ucla.edu/faculty-projects/philodemus-project/). Bisherige Ausgaben: Dirk Obbink, *Philodemus on Piety: Critical Text with Commentary. Part 1* (Oxford, 1996); Richard Janko, *Philodemus. On Poems* (3 Bände) (Oxford, 2001–2010–2020). Blank und Hammerstaedt arbeiten an Ausgaben von Philodems *De rhetorica*. Das Format der Reihe wurde auch von Graziano Ranocchia, *Aristone ‚Sul modo di liberare dalla superbia' nel decimo libro ‚De vitiis' di Filodemo* (Florenz, 2007) übernommen.
182 Aus der Aufstellung bei Delattre, *rouleaux d'Herculanum* (wie Anm. 5), 102–104 wird ersichtlich, dass viele angekündigte Übersetzungs- und Editionsvorhaben von diversen Gelehrten (faktisch) aufgegeben wurden.
183 Daniel Delattre, *Philodeme de Gadara, Sur La Musique, Livre IV* (2 Bände) (Paris, 2007).
184 Die Serie wird von der „Society of Biblical Literature" herausgegeben. Erschienen sind bisher: Benjamin Henry, *Philodemus. On Death* (Atlanta, 2009); Voula Tsouna, *Philodemus, On property management* (Atlanta, 2012); Armstrong und McOsker, *Philodemus. On Anger* (wie Anm. 49).

in den letzten Bänden zur Kolumnenform übergegangen.[185] Innovative Editionen, die auch systematische diplomatische und literarische Transkripte mit Spurenbeschreibung einschlossen, wurden im Rahmen eines EU-Starting Grant (2009–2014) von Ranocchia erprobt.[186]

Generell fällt bei den meisten Neueditionen positiv auf, dass es im Vergleich zu früheren Dekaden oder Jahrhunderten mit Texteingriffen oder „ingeniösen" Ergänzungen nicht mehr übertrieben wird – diese haben sich im Nachhinein nur zu oft als falsch herausgestellt und führten leider manchmal über Jahre hinweg zu irrigen Folgerungen oder Hypothesen. Auch werden seltener stillschweigend Korrekturen vorgenommen, indem Spuren im Papyrus gegen die Evidenz „zurechtgebogen" oder „zurechtinterpretiert" werden.[187] Die Integration bzw. Berücksichtigung der *Disegni* erfolgt systematischer und oft geben die Editoren eine Art (kleines) „diplomatisches Transkript", welches Lesarten verschiedener Quellen nennt und auch die Lagen erklärt. Ferner wird immer größerer Wert auf Anschaulichkeit gelegt (gerade bei den bibliometrischen Einleitungen), was viel zum Verständnis beiträgt. Auch die Kommentare profitieren von neuen digitalen tools (etwa für Parallelstellen).

13.2 Digitale tools, Bilder und Datenbanken als Faktoren verbesserter Editionen

13.2.1 Digitale Bilder: *Disegni*, frühe (Bild)Ausgaben und MSI

Die *Oxforder Disegni* sind heute vollständig digitalisiert und online zugänglich.[188] Auch mit der Digitalisierung der *Neapolitanischen Disegni* wurde vor

---

185 Giuliana Leone, *Epicuro, Sulla natura, Libro II. Edizione, traduzione e commento* (Neapel, 2012); Federica Nicolardi, Filodemo. *Il primo libro della Retorica* (Neapel, 2018).
186 ERC project „Interactive edition and interpretation of various works by Epicurean and Stoic philosophers surviving at Herculaneum" (PHerc), siehe http://www.pherc.eu/; vgl. auch Graziano Ranocchia, Testi stoici ed epicurei della collezione ercolanese (Rom, 2016).
187 Die Kollegen können heute durch die MSI rasch Lesungen (vorläufig) falsifizieren bzw. anzweifeln und müssen den Herausgebern nicht mehr „blind" vertrauen, was diese dazu zwingt, Willkür oder Nachlässigkeit auf ein Mindestmaß zu reduzieren bzw. sich diese nicht mehr zu erlauben.
188 Am besten nutzt man den Link auf der Seite der *Herculaneum Society* (www.herculaneum.ox.ac.uk/papyri/online-resources), welche auf das mit der Universität Oxford verbundene „The Imaging Papyri Project" bzw. eine entsprechende Seite führt.

einigen Jahren begonnen. Viele *Disegni* sind bereits im Internet abrufbar.[189] Letztlich gleichen die *Neapolitanischen Disegni* zu 95–99% den entsprechenden Illustrationen in den 11 Bänden der *collectio altera*.[190] Diese Bände sowie die Kupferstiche (nicht Editionen!) der *collectio prior* sind heute ebenfalls vollständig auf der Seite des *Würzburger Zentrum für Epikureismusforschung* einsehbar.[191] Mehrere digitalisierte Bände der *collectio prior* lassen sich auch durch Suche im Internet finden. Die Multispektralbilder (MSI) der Herkulanischen Papyri sind bedauerlicherweise nicht online zugänglich, aber sie können bei der Brigham Young University (BYU) für interessierende PHerc.-Nummern angefragt werden.[192]

13.2.2 Online-Katalog *chartes*

Zu einem sehr nützlichen Tool hat sich auch der online-Katalog *chartes* entwickelt, welcher Informationen früherer Kataloge (siehe 7.4) kombiniert und für jede PHerc.-Nummer ein Bild, das Aufrolldatum und weitere Angaben enthält.[193] Die von Gianluca Del Mastro verwaltete und vom CIPSE initiierte, in regelmäßigen Abständen aktualisierte Datenbank erschien bereits 2005 als CD und ist seit einigen Jahren online durchsuchbar. Für jeden Papyrus ist quasi umfassend die zugehörige Bibliographie gelistet, was die Datenbank zur umfangreichsten bibliographischen Ressource für Herkulanische Papyri macht. Die bibliographischen Verweise sind sehr präzise (genaue Seite, auf welcher der Papyrus/die Nummer in einem Beitrag erscheint); auch sind mitunter direkte Links zu den Beiträgen (pdfs) vorhanden. Man kann die Sammlung nach 11 Kriterien durchsuchen und auch kombinierte Suchen ausführen. Viele (statistische) Studien und mancherlei Erkenntnisse zur Zuordnung von Papyri (siehe 13.1.2) wurden erst durch den online-Katalog möglich.

---

189 Die *Disegni* findet man auf der Seite der *Biblioteca Nazionale di Napoli* (BNN): http://digitale.bnnonline.it/index.php?it/209/disegni-napoletani-dei-papiri-ercolanesi.
190 In der Officina sind auch die nicht digitalisierten Druckfahnen der *collectio altera* gelagert, welche aber nur von beschränktem Wert sind.
191 Auf der Seite sind ebenfalls *The King's Book* und in absehbarer Zeit die *Davy Disegni* (siehe 4.3) abrufbar.
192 HSI wurden bisher nur von PHerc. 1021 gemacht. Diese können in der Officina konsultiert werden. Für die MSI sollte man sich an Roger MacFarlane wenden; eine Genehmigung der Nationalbibliothek von Neapel ist nötig.
193 www.chartes.it.

13.2.3 Die Herkulanischen Texte online – THV, DCLP und TLG

Ebenso wichtig wie der online-Katalog *chartes* ist der *Thesaurus Herculanensium voluminum* (THV), eine Volltextdatenbank (fast) aller Herkulanischen Papyri, welche mittlerweile in den *Digital Corpus of Literary papyri* (DCLP) integriert ist, was ihr Durchsuchen nach bestimmten Wörtern oder Wortkombinationen oder nach anderen Kriterien ermöglicht.[194] Nachdem zunächst auf einer separaten Seite 26 Herkulanische Texte im Zuge einer Kooperation des CISPE mit der Universität Würzburg digitalisiert wurden (Del Mastro und Essler), begann 2013 die von Essler koordinierte systematische Erfassung aller Papyri der Sammlung (zurzeit 158 Texte von 277 Inventarnummern) und ihre Übertragung in den DCLP, so dass der THV als selbständiges Corpus praktisch im DCLP aufging.[195] Eine übersichtliche Liste aller im DCLP erfassten Herkulanischen Papyri, Autoren und Werke findet man auf der Seite des *Würzburger Zentrum für Epikureismusforschung*.[196] Für die Kodierung wurden die letzten Gesamtausgaben der Papyri genutzt, so dass viele spätere Neulesungen in Teilausgaben nicht im Text des DCLP erscheinen, welcher aber einen kleinen kritischen Apparat und andere nützliche Angaben bietet.

Ein weiteres, schon einige Jahrzehnte zur Verfügung stehendes wichtiges Hilfsmittel für die Textergänzung der Papyri ist der *Thesaurus Linguae Graecae* in digitaler Form (online-TLG bzw. früher der TLG auf CD-Rom), über welchen nach Wortteilen, Wörtern oder Kombinationen von Wörtern gesucht werden kann. In den TLG sind aber nicht alle Herkulanischen Texte aufgenommen.

Einige auch mit den Herkulanischen Papyri in Verbindungen stehende theoretische und technische Aspekte der Digitalisierung von Papyri wurden im Rahmen des „Ekdosis-Projektes" erforscht.[197] Das *Grammatically Annotated Philodemus project* zielt darauf ab, die Lexik, Grammatik und Syntax der Papyri mittels computergestützter Methoden zu analysieren.[198]

---

194 Der DCLP ist wiederum integraler Bestandteil der Seite http://www.papyri.info/, auf der diverse Corpora mit einem search-navigator durchsucht werden können.
195 Die alte Seite des THV (www.thvproject.it) existiert nicht mehr, vgl. Reggiani, *Digital Papyrology* (wie Anm. 136), 245–246 und Rodney Ast und Holger Essler, „Anagnosis, Herculaneum, and the Digital Corpus of Literary Papyri," in *Digital Papyrology II* (hg. von Nicola Reggiani; Berlin, 2018), (63–73).
196 http://epikur-wuerzburg.de/aktivitaeten/thv/.
197 Projekt: „Ekdosis: Digitizing literary and paraliterary papyri" (2018–2020 – Holger Essler/Massimo Magnani/Nicola Reggiani).
198 Holger Essler und Daniel Riano Rufilanchas, „,Aristarchus X' and Philodemus: Digital Linguistic Analysis of a Herculanean Text Corpus," in *Proceedings of the 27th International*

13.2.4 Bibliographien und wichtige Websites

Zu Philodem findet man in *Stanford Encyclopedia of Philosophy* einen aktualisierten Beitrag von David Blank mit einer Übersicht zu Biographie, Werken, philosophischer und schriftstellerischer Bedeutung sowie Rezeption, der natürlicherweise engsten Bezug zu den Herkulanischen Papyri hat.[199] Für *Oxford Bibliographies Online* besorgte Essler eine profunde Bibliographie zu Philodem mit besonderem Fokus auf den Editionen seiner Werke, während Benjamin Henry die Bibliographie für die Herkulanischen Papyri allgemein oblag. Beide Einträge haben einige Überschneidungen und sind für Literatur zu Herkulanischen Papyri der erste Anlaufpunkt.[200]

Nützlich ist auch die Website des *Würzburger Zentrums für Epikureismusforschung*.[201] Hier finden sich neben den schon angesprochenen digitalen Ressourcen ein von Studenten immer weiterentwickeltes (nicht immer zitierfähiges) „Herkulaneum-Wiki" sowie weitere Such-tools. Auf der Internetseite des *CISPE* können mittlerweile alle Artikel der CErc-Bände einzeln (gegen Gebühr) heruntergeladen werden.[202] Auch ist zu vermerken, dass am Ende aller CErc-Bände gängige Abkürzungen für das Zitieren der Papyri zusammengetragen sind und unter „notiziario" vermerkt ist, wer gerade an welchen Papyri arbeitet. Zwar haben diese Angaben keine juristische oder verbindliche Geltung, aber sie bieten eine Orientierungshilfe zur aktuellen Forschungssituation und können unnötige Parallelarbeiten vermeiden helfen. Auf der Seite der *Herculaneum Society* (9.3) sind neben den schon erwähnten Ressourcen noch einige andere hilfreiche

---

Congress of Papyrology 2013 (Warsaw) (hg. von Thomasz Derda/Adam Lajtar/Jakub Urbanik; Warschau; 2016), (491–501).
199 https://plato.stanford.edu/entries/philodemus/ (2013 erstellt, 2019 substantiell überarbeitet).
200 https://www.oxfordbibliographies.com. Die Bibliographie zu Philodem („Philodemus of Gadara") wurde 2019 aktualisiert, die für die Herkulanischen Papyri („Herculaneum Papyri") zuletzt 2018. Ferner findet sich auch (nicht aktuell) eine Zusammenstellung von Philodems Werken auf https://www.herculaneum.ox.ac.uk/papyri/other-resources/books-herculaneum. Eine Bibliographie für lateinische Papyri Herkulaneums findet sich unter http://web.philo.ulg.ac.be/cedopal/les-papyrus-latins-dherculanum (Gabriel Nocchi Macedo).
201 https://epikur-wuerzburg.de/.
202 Die online-Verfügbarkeit der Zeitschrift *Cronache Ercolanesi* über einschlägige Elektronische Zeitschriftenkataloge ist leider noch immer ein Desiderat, dem hoffentlich in nicht zu ferner Zukunft Genüge getan wird, um eine breitere wissenschaftliche Rezeption der Forschung an den Herkulanischen Papyri zu gewährleisten.

Links zu den Papyri und aktuelle Nachrichten zu technischen Fortschritten gesammelt.[203]

13.3 Die Herkulanischen Papyri in den Medien

Die archäologischen Stätten Pompejis und Herkulaneums ziehen Menschen seit mehr als 250 Jahren in ihren Bann und so verwundert es wenig, dass sie auch in den Medien und der Populärkultur recht präsent sind. Neufunde und Entwicklungen werden mit steter Regelmäßigkeit international in Nachrichten erwähnt. Die Papyri und die Bibliothek spielten in der medialen Rezeption lange Zeit eher eine Nebenrolle, erfuhren jedoch in den letzten zwei Jahrzehnten durch neue Bildgebungsverfahren und *virtual unrolling* eine erstaunliche Beachtung in Zeitung, Radio, TV und Internet. Nach kleineren Berichten im TV und Zeitungen (vornehmlich in Italien) im 20. Jahrhundert hat die Dokumentation „Out of the ashes: Recovering the lost library of Herculaneum" (2003), welche zunächst auf DVD erhältlich war und nun auch online abrufbar ist, Maßstäbe gesetzt und die Erforschung der Papyri und der Villa anschaulich einem breiteren (Laien)Publikum nahegebracht.[204] Die Produktion wurde einige Jahre später auch für *arte* ins Deutsche übersetzt und im TV ausgestrahlt. Da die Experimente zum *virtual unrolling* und HSI (ab 2015) in bekannten naturwissenschaftlichen Journals publiziert wurden, kamen viele Nachrichtenagenturen auf die Protagonisten zu.[205] Auch die Konkurrenzsituation der Teams wurde thematisiert, etwa mit großer Reichweite in einem Beitrag für *CBS 60 minutes* (USA-2017).[206] Insbesondere italienische Medien, darunter große Zeitungen,[207] haben in den letzten Jahren öfters über die Papyri und die Anwendung neuer Techniken berichtet, wobei auch englischsprachige Medien zunehmend Interesse zeigen. Auch in Deutschland lösten die Herkulanischen Papyri in den letzten zwei Jahren ein gewisses Medienecho aus, wobei nicht nur die technischen Entwicklungen, sondern auch der Inhalt der Papyri und die philologische Arbeit der Papy-

---

203 Papyrologische Ressourcen unter https://www.herculaneum.ox.ac.uk/papyri/online-resources.
204 Siehe Anm. 116 (auf youtube abrufbar). Angaben zum Film: Produced, Written and Directed by Julie Walker – a KBYU/BYU Television Production – 2003.
205 Vgl. Fleischer, „Report about Congress" (wie Anm. 139).
206 www.cbsnews.com/news/herculaneum-scrolls-can-technology-unravel-the-secrets-sealed-by-mt-vesuvius-2000-years-ago/.
207 Etwa am 21.2.2021 im Corriere della Sera – La lettura (L'intelligenza artificiale legge i papiri di Ercolano).

rologen thematisiert wurden.[208] Die 2019 im Rahmen der Sonderausstellung in der Getty-Villa (Malibu) zu den Herkulanischen Papyri gehaltenen Vorträge sowie etliche Videos zum Thema *virtual unrolling* erfreuen sich im Internet wachsender Beliebtheit.[209] Die für ein so kleines Fach vergleichsweise große mediale Aufmerksamkeit wird mit etwaigen (Zwischen)Erfolgen des *virtual unrolling* wohl nochmals steigen. Die meisten Papyrologen opfern gerne etwas Zeit, um „public outreach" zu betreiben und die Einzigartigkeit der Herkulanischen Papyri und die Herausforderungen an die Papyrologen im öffentlichen Bewusstsein stärker zu verankern.

13.4 Aktuelle Projekte, Entwicklungen und Orte der Forschung

Das bereits erwähnte ERC-Projekt *GreekSchools*[210] unter Ranocchia wird in den nächsten Jahren (2021–2025) neben dem Erstellen einer innovativen Komplettausgabe von Philodems „Geschichte der Philosophie" – σύνταξις τῶν φιλοσόφων (siehe 15.1) diverse Techniken an bereits entrollten Papyri erproben (siehe 10.4). Ich leite gegenwärtig das DFG-Projekt „Philodems Geschichte der Akademie (Index Academicorum)", an dessen Ende eine Neuausgabe des *Index Academicorum* unter Einbezug neuer Techniken stehen soll (siehe 15).

An der Universität Würzburg ist gerade ein großes *Zentrum für Digitalität und Philologie „Kallimachos"* im Aufbau begriffen,[211] unter dessen Dach auch die Erforschung der Herkulanischen Papyri bzw. ihre digitale Integration weiter vorangetrieben werden könnte. Bis 2019 lief als Teilprojekt des Zentrums das von Essler betreute *Anagnosis*-Projekt, welches als Ziel die automatisierte Verknüpfung zwischen Transkriptionen von Papyri und Schriftzeichen der dazuge-

---

208 Vgl. etwa Hannes Hoffmann, „Die Hoffnung auf das Unlesbare," *Spektrum* 2019 – https://www.spektrum.de/news/die-hoffnung-auf-das-unlesbare/1687132); Ulf von Rauchhaupt, Verkohlte Wörter (wie Anm. 1), (2021) – online: https://www.faz.net/aktuell/wissen/verkohlte-woerter-zwei-schriftrollen-aus-der-villa-dei-papiri-17179615.html; ferner Deutschlandfunk vom 18.3.2021 („Vom Vesuv begraben – Würzburger Forscher entziffert verkohlte Texte aus Antike") und wissenschaft.de/damals.de vom 25.3.2021 („Philosophen-Manuskript aus der Vesuvasche" – https://www.wissenschaft.de/geschichte-archaeologie/philosophen-manuskript-aus-der-vesuvasche/).
209 Vorträge von David Blank, Richard Janko und Brent Seales vom 19.10.2019 („Reading the Herculaneum Papyri: Yesterday, Today, Tomorrow" – auf youtube abrufbar).
210 Siehe Anm. 124.
211 www.uni-wuerzburg.de/zpd/startseite/. Das Projekt führt Geisteswissenschaftler und Informatiker in einem regionalen Digital-Humanities-Zentrum zusammen. Der Bau des Zentrums soll bis 2022 fertiggestellt sein.

hörigen Bilddateien hatte und papyrologische Bilddatenbanken mit der Volltextdatenbank DCLP (siehe 13.2.3) verbinden sollte.[212]

 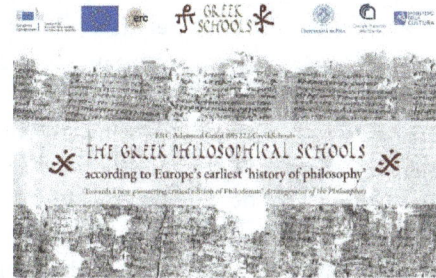

Abb. 51 und 52: Projekte Anagnosis und GreekSchools

Allgemein wird in puncto Digitalität versucht, Synergieeffekte mit anderen Teilbereichen der Papyrologie zu generieren (siehe etwa DCLP) und, soweit möglich und wo sinnvoll, die „Herkulanischen tools" in einen breiteren Kontext zu integrieren und mit Nachbardisziplinen zu verbinden. In der Gesamtschau hat die Herkulanische Papyrologie von den Möglichkeiten der Digitalisierung, Bildbearbeitungsprogrammen und neuen Bildgebungsverfahren (MSI) im Vergleich zu anderen Zweigen der Philologie oder Papyrologie aufgrund der Beschaffenheit der Papyri und den damit verbundenen Defiziten früherer Editionen wohl überproportional Nutzen gezogen.

Die Mehrzahl der Herkulanischen Papyrologen, welche von ihrer akademischen Ausbildung her fast ausnahmslos Klassische Philologen sind, stammt aus Italien und forscht ebendort, freilich allen voran an der Quelle in Neapel. Daneben arbeiten bzw. arbeiteten in den letzten Dekaden auch im englischsprachi-

---

212 http://www.kallimachos.de/kallimachos/index.php/Anagnosis. Ein von *Kallimachos* entwickelter Online-Editor soll die automatisierte Verknüpfung von Text und Abbildung auf Buchstabenebene bei den Papyri ermöglichen, was insbesondere für paläographische Vergleichszwecke und für graphische Rekonstruktionen ausgenutzt werden soll. Zum Projekt siehe auch Reggiani, *Digital Papyrology* (wie Anm. 136),154–156 und Holger Essler und Vincenzo Damiani, „Anagnosis. Automatisierte Buchstabenverknüpfung von Transkript und Papyrusabbildung," in *Altertumswissenschaften in a Digital Age: Egyptology, Papyrology and beyond; proceedings of a conference and workshop in Leipzig, November 4–6, 2015* (hg. von Monica Berti und Franziska Naether; Leipzig, 2016) und Ast und Essler, „Anagnosis" (wie Anm. 195), 71–73.

gen Raum etwa ein Dutzend Wissenschaftler vertieft an den Herkulanischen Papyri. Auch einzelne Forscher aus anderen Ländern widmen sich den Papyri. In Deutschland beschäftigen sich bedauerlicherweise nur wenige Wissenschaftler mit der Edition von Herkulanischen Papyri und kaum einer forscht exklusiv oder vornehmlich an den Herkulanischen Texten. Neben Würzburg um den früheren Gräzistik-Lehrstuhlinhaber Michael Erler und seinen Nachfolger Jan Stenger ist als einzige deutsche Zufluchtsstätte der *Musa Herculanensis* die Universität Köln um Jürgen Hammerstaedt geblieben, der sich viele Verdienste um die Papyri erworben hat und mehrere „Herkulanische" Gastwissenschaftler betreute.[213] Etliche Forschungsaktivitäten wurden formell oder faktisch vom CISPE koordiniert, während auch stets Wissenschaftler mit nur loser oder keiner Verbindung zum CISPE an den Papyri forschen. Die Ergebnisse der Herkulanischen Papyrologie, sofern sie von allgemeinem Interesse sind, werden in der Klassischen Philologie, aber auch in der Philosophie, Theologie und Alten Geschichte rege rezipiert.

---

213 Hammerstaedt wandte sich in den letzten beiden Dekaden auch verstärkt der Inschrift von Oinoanda zu.

14 Fallstudie I: Der Herkulanische Papyrologe bei der Arbeit

Oft ist es, als ob ein tückischer Kobold sich den Spaß gemacht hätte, mitten in einem leidlich zusammenhängenden Stücke gerade Eigennamen und andere Angaben, die sich am schwersten ergänzen lassen, auszuscheiden.

Heinrich Schenkl, Rezension von Meklers *Index Academicorum* (1903)

14.1 Das Beispiel

Wie muss man sich die papyrologische Rekonstruktionsarbeit vorstellen? Was ist die Herausforderung beim Wiederherstellen einer Passage? Wenn ich sage (10.4), dass bis zu 30% mehr Text im *Index Academicorum* gewonnen werden konnten, bedeutet dies nicht, dass man gemütlich auf den neuen Bildern 20–30% Text mehr ablesen kann. Vielmehr liest man je nach Passage vielleicht nur 1–2% mehr Text bzw. Tintenspuren als im Original (mit *Disegni*). Jedoch reicht ein zusätzlicher Buchstabe bisweilen aus, einen Dominoeffekt auszulösen, durch den man nicht nur ein einzelnes neues Wort liest, sondern auch die bisher sinnlosen Buchstabenkombinationen in der Nähe zu einem stimmigen Text zusammenzufügen kann.

Ein Fallbeispiel möge diese Aussage verdeutlichen – wir verwenden dafür fiktiv die deutsche Sprache.

Man liest im Papyrus:

„ERMUSSTELACHENUNDVERMERKTESÜFFISANTGESCHIEHTDIRRECHT . . . . SEINGE-GENÜBERÄRGERTESICHÜBERDIEREAKTION usw.

Nun klafft im Papyrus nach „RECHT" eine Lücke bzw. die Zeilen werden fragmentarisch (41 Buchstaben). In den Papyri werden *scriptio continua* und Großbuchstaben (im Griechischen mit der Ausnahme von Omega) verwandt. Transkribieren wir zunächst den erhaltenen Text, indem wir die Wörter trennen und Satzzeichen einfügen.

Er musste lachen und vermerkte süffisant: „Geschieht dir recht . . . . Sein Gegenüber ärgerte sich über die Reaktion usw.

Schon ist die Stelle viel übersichtlicher. Der Doppelpunkt hinter „süffisant" ist zu setzen, da offenbar eine wörtliche Rede folgt. Vermutlich endete diese vor „Sein Gegenüber".

Im Original liest man mit den Augen nach „recht" in dem fragmentarischen Bereich:

W _ _ _ _ _ _ _ _ _ _ _ _ _ _ B _ _R _ _ _ _ L _ _ _ _ _ _ _ _ _ NE _ _

Eine erste Vermutung wäre etwa, dass am Anfang „weil" oder „wenn" (ggf. „was") zu ergänzen ist. Jedoch könnte auch schon hinter „recht" zu interpungieren sein und ein neuer Satz beginnen (etwa „warum", „wo", „wieso", „welche").

Mit Hilfe des Mikroskops liest man einen Buchstaben mehr:

W E _ _ _ _ _ _ _ _ _ _ _ _ _ B _ _R _ _ _ _ L _ _ _ _ _ _ _ _ _ NE _ _

Viel hilft uns der erste Buchstabe nicht weiter, aber immerhin sind dadurch bspw. „warum", „wo", „wieso" ausgeschlossen. Noch wissen wir auch nicht, ob ein von „Geschieht dir recht" abhängiger Satz („weil", „wenn") folgt oder ein neuer Satz beginnt („werden", „wer", „weshalb"). Der unbekannte dritte Buchstabe könnte unter Umständen schon die syntaktische Struktur klären!

Auf den Multispektralbildern (MSI), welche vom Original nicht ausgeschlossen werden, liest man:

W E _ _ N _ _ _ _ _ _ _ _ _ _ _ B _ _R _ B _ _ _L L _ _ _ _ _ _ _ _ NE _ _

Im Mittelteil kann man nun schon einige Wörter ausprobieren, aber es gibt noch zu viele offene Stellschrauben. Nun wurden vor 200 Jahren Abzeichnungen von der Stelle angefertigt, als der Papyrus noch besser erhalten war.

Das (in der Regel minderwertigere, spätere) *Neapolitanische Disegno* (N) hat

V V F _ _ N _ _ _ _ _ _ _ _ _ _ _ P _ _ _ _ BT _ _ L _ _ _ _ _ _ _ _ HEH _

Das (in der Regel hochwertigere, frühere) *Oxforder Disegno* (O) hat

W _ _ _ N _ _ _ _ _ _ _ _ _ _ _ B _ _R _ BT _ _L L _ _ _ _ _ _ _ _ NE _ _

Die *disegnatori* wurden von der schwarzen Oberfläche des Papyrus oftmals getäuscht – die *Disegni* können natürlich nicht besser als das sicher gelesene, noch erhaltene Original sein (bzw. die MSI oder HSI). Im Original (und auf den MSI) liest man aber zu Beginn ein W, was der Zeichner des *Neapolitanischen Disegno* offenbar als zwei V (paläographisch ähnlich) missverstanden hat (mit Doppel-V beginnt kein deutsches Wort). Das *Oxforder Disegno* hingegen hat das W richtig getroffen. Im *Neapolitanischen Disegno* wurde dann offenbar auch das E als F falsch gelesen, ebenso später P für B (paläographisch ähnlich). Das letzte

B haben beide *Disegni* richtig getroffen (von den MSI bestätigt). Da beide *Disegni* auch ein T nach dem B haben, ist es recht wahrscheinlich, dass dieser Buchstabe vor 200 Jahren tatsächlich noch im Papyrus lesbar war und richtig abgezeichnet wurde. Am Ende der Zeile hat das *Neapolitanische Disegno* HE statt dem korrekten NE, was ernste Zweifel erweckt, ob das letzte H richtig abgezeichnet wurde – lexikalische Erwägungen sprechen dagegen. Fassen wir die Informationen des Originals, MSI und der *Disegni* in einer Transkription zusammen.

W E _ _ N _ _ _ _ _ _ _ _ _ _ _ _ _ B _ _R _ B*T*_ _L L _ _ _ _ _ _ _ _ _ NE*H* _

Die Buchstaben, welche nur in einem oder beiden *Disegni* enthalten sind, wurden kursiv gedruckt, um zu zeigen, dass sie heute nicht mehr verifizierbar sind und daher womöglich (teils) nicht korrekt sind (falsch abgezeichnet wurden). Die Buchstabenkombination BT ist interessant. Gehört sie zu einem einzigen Wort (etwa „Abteil", „Abt") oder fängt mit T ein neues Wort an? Jedoch müsste das mit T beginnende Wort dann wohl mit den beiden L zu verbinden sein. Wurde jemand als „Trulle" beschimpft? Immerhin heißt es am Ende der Lücke „Sein Gegenüber ärgerte sich über die Reaktion...". Jedoch ist es vielleicht wahrscheinlicher das R mit BT (als Wortende) zu verbinden. Beim Durchgehen aller Vokale (einschließlich Umlaute!) kommt einem sofort das Wort „gräbt" in den Sinn. Einige werden hier schon einen Verdacht haben – je nach Intuitionssinn. Allerdings sind von 41 Buchstaben erst 10 gelesen und 2 aus den *Disegni* ergänzt.

Nun kommen (bisher bei den Papyri nur für den *Index Academicorum*) noch die HSI ins Spiel. Nein, man liest auf ihnen nicht die fehlenden 31 (29) Buchstaben, sondern im Vergleich zu den MSI nur einen einzigen weiteren Buchstaben.

W E _ _ N _ _ _ _ _ _ _ _ _ _ _ _ _ B _ _R _ B _ _ ÄL L _ _ _ _ _ _ _ _ _ NE _ _

Verbinden wir wieder mit den *Disegni*:

W E _ _ N _ _ _ _ _ _ _ _ _ _ _ _ _ B _ _R _ B*T*_ ÄL L _ _ _ _ _ _ _ _ _ NE*H* _

Die „Trulle" ist nun endgültig aus dem Spiel und hier muss eigentlich „fällt" (bzw. „Fälle" oder ähnlich) stehen. Damit ist quasi auch „gräbt" als korrekt impliziert. Wahrscheinlich stand dann ein E nach dem B. Auch muss zwischen den Verben wohl ein Interpunktionszeichen stehen. Bei „gräbt fällt" dürfte wohl vielen (deutschsprachigen) Lesern intuitiv ein bekanntes Sprichwort in den Sinn kommen. Der Raum passt hervorragend und das für die „Lösung" recht wichtige T der beiden *Disegni* war offenbar korrekt. Nun stört noch das H bei NEH am Ende. Man liest das H nur im *Neapolitanischen Disegno* und vieles spricht dafür, dass der Abzeichner hier ein IN (I und Teile des N) als H falsch gelesen hat.[214] Wir müssen das *Disegno* also ändern bzw. den Fehler ignorieren (dies ist kein eigentlicher Eingriff in den Text – Papyrologen setzen einen Asteriskos unter dem Buchstaben). Folglich lautet die Transkription:

> We[r a]n[deren eine Gru]b[e g]r[ä]bt, [f]äll[t selbst hi]nẹịn.

Ohne die diakritischen Zeichen lautet die Passage im Kontext:

> Er musste lachen und vermerkte süffisant: „Geschieht dir recht. Wer anderen eine Grube gräbt, fällt selbst hinein." Sein Gegenüber ärgerte sich über die Reaktion usw.

Der Kontext dürfte endgültig bestätigen, dass wir die Lücke durch das Sprichwort richtig ergänzt haben. Entscheidend ist die Erkenntnis, dass man mit nur einem oder zwei (je nach Intuition bzw. papyrologischer *divinatio*) zusätzlichen Buchstaben – in unserem Fall dem T aus den *Disegni* oder dem zusätzlichen Ä aus den HSI – plötzlich einen sinnigen Satz von 41 Buchstaben (auf Basis von nur 12 [einst] lesbaren Buchstaben!) ergänzen kann, wobei man ohne diesen (bzw. diese zwei) Buchstaben zusätzlich womöglich überhaupt keine sinnvolle Hypothese zum Inhalt aufstellen könnte. Die lexikalischen Variationen und möglichen logischen Aussagen waren ohne diese zwei Buchstaben exponentiell höher, so dass entweder gar nichts konstruiert werden konnte oder mehrere (zu viele) mögliche Ergänzungen denkbar waren.[215] Folglich lösen manchmal bei den Papyri nur ein oder zwei zusätzliche Buchstaben eine Kettenreaktion aus. Es mag kurios klingen, aber zwischen „überhaupt keine belastbare Hypothese, was in den Zeilen stehen könnte" und „Komplette Rekonstruktion von Zeilen inklusive syntaktischer Klärung (mit neuen Fakten)" liegt bisweilen nur ein zusätzlicher Buchstabe – der entscheidende Dominostein. Dennoch fällt dieser wie in unserem Fallbeispiel nicht von selbst, sondern nur durch ausdauernde, kreative kombinatorisch-philologische Denkarbeit.

---

214 Eine entfernte, unwahrscheinliche Möglichkeit ist, dass im Originalpapyrus (vor 200 Jahren) ein Fehler begangen wurde und der Abzeichner den Text richtig wiedergegben hat.
215 Man sollte nicht dem Trugschluss einer „ex post"-Betrachtung aufsitzen und glauben, dass man das Sprichwort schon viel früher mit weniger Buchstaben hätte ergänzen können.

14.2 Die Realität

Unser Beispiel verdeutlicht auch das in dieser Form im Bereich der Philologie und Papyrologie wohl einmalige Zusammenspiel verschiedenartiger Quellen für die *restitutio textus* Herkulanischer Papyri. Die *Disegni* können nicht als Quellen/Handschriften mit verschiedenen Lesungen aufgefasst werden, aus denen der Urtext stemmatisch zu extrapolieren ist, sondern sie bedürfen ob ihres Charakters als „unvollkommene, genuine Abzeichnungen" (und eben nicht als Textkopien von des Griechischen mächtigen Schreibern) in den relevanten Fällen, wo das Original (MSI/HSI) nicht mehr lesbar ist, einer speziellen Bewertung und editorischen Verarbeitung. Die Bewertung wiederum fußt in gewissem Maße auf eigenen Erfahrungen beim Lesen des Originalpapyrus.[216] Die MSI und HSI wiederum sind keine detailgetreuen Fotografien des Originals, sondern müssen vor dem Hintergrund dessen drei-dimensionaler Struktur am Original gegengeprüft werden (siehe 13.1), gerade hinsichtlich fehlplatzierter Lagen und Risse.[217] Das Transkript bzw. der Text eines Herkulanischen Papyrus muss vom Herausgeber mittels auf eigentümliche Weise interdependenter Quellen „zusammengebaut" werden.

Die Realität ist freilich wesentlich komplexer als das Fallbeispiel suggeriert. So ist oft unbekannt, wieviel Buchstaben genau (da variierende Größe der Buchstaben/unregelmäßige Zeilenende, etc.) in einer Lücke gestanden haben. Dieser Umstand vermehrt in einer gegebenen Situation die lexikalischen Möglichkeiten dramatisch (exponentiell). Ferner liegen meist nicht vollständige Buchstaben, sondern nur Tintenspuren vor, die lediglich mit diversen (bestimmten) Buchstaben kompatibel sind. Oft ist unklar, welche Spuren zu welchen oder wie vielen Buchstaben gehören. Ferner besteht in manchen Passagen „Lagenunsicherheit" (*Sovrapposti* und *Sottoposti*), was im obigen Beispiel nicht berücksichtigt wurde. Ein weiteres Problem ist die „Ambiguität" mancher Spuren, also die fehlende letzte objektive Gewissheit, was im Papyrus Tinte und was verkohlter Hintergrund ist. Im Fallbeispiel hat uns der Kontext der Stelle ein wenig geholfen, zumindest bei der Verifizierung der Rekonstruktion. Einen hilfreichen Kontext hat man nicht immer. Manchmal ergibt sich dieser erst durch vorherige Neulesungen, die dann unter Umständen einen größeren Do-

---

[216] Man erlangt ein Gefühl für die abweichenden paläographischen Ausführungen der Buchstaben und ihre Ähnlichkeit vor dem Hintergrund optischer Täuschungen, was oft die Fehler verstehen hilft und dazu beiträgt, die Buchstaben des *Disegno* zu den korrekten Buchstaben zu ändern.
[217] Dieser Aspekt wurde aus Gründen der Komplexitätsreduktion nicht in das Fallbeispiel eingebaut, spielt aber im griechischen Fallbeispiel (15) eine Rolle.

minoeffekt auslösen. Den im Papyrus fehlenden Kontext kann man sich teils durch Parallelstellen oder Ideen zur Argumentationsstruktur bedingt selbst verschaffen. Besonderheiten der Autoren (Hiatvermeidung), Silbentrennung im Papyrus und orthographische Eigenheiten der Papyri sind weitere zu berücksichtigende Variablen. Das Lesen und Edieren eines Herkulanischen Papyrus ist eine psycho-kognitive Aufgabe, die mit dem Studieren eines Escher-Bildes als Ausgangspunkt für die eigentliche philologische Arbeit, also eine sprachlich-kombinatorische Rekonstruktion, vergleichbar ist.

14.3 Lösung, keine Lösung und Scheinlösung

Diese und andere Begebenheiten führen dazu, dass man nicht selten Tage oder Wochen vor wenigen Zeilen sitzt und wie in einem Schachrätsel immer neue Pfade ausprobiert, um das „Schachmatt in 8 Zügen" zu finden. Jedoch besteht ein entscheidender Unterschied zum Schachrätsel: Es ist *ex ante* völlig ungewiss, ob überhaupt eine Lösung, ein Schachmatt, für eine vorgegebene Papyruskonstellation existiert. So gelangt man manchmal (spät) zur Erkenntnis, dass die Lücken doch zu groß sind, es den richtigen Pfad, den Dominostein, nicht gibt und letztlich so viele Ergänzungen mit abweichenden Sinnrichtungen möglich sind, dass man schlechterdings nicht seriös ergänzen kann, teils nicht mal eine wahrscheinliche syntaktische oder inhaltliche These aufstellen kann. An dieser Stelle ist es die vornehmste Pflicht des Papyrologen, auch keine Lösung aus eitler Ruhmsucht heraus zu erzwingen, da jede Lösung in Wahrheit nur eine von vielen möglichen Scheinlösungen wäre, eine „griechische Stilübung", die gutgläubige, aber in Papyrologie unerfahrene Leser (oftmals hervorragende Philologen) in die Irre führt und keine Textherstellung, sondern Texterfindung ist. Die *ars nesciendi* ist in der Papyrologie ebenso bedeutsam wie die *ars coniciendi/supplendi*. Eine Rekonstruktion ist nur dann seriös (wahrscheinlich) und sollte im Text einer Ausgabe erscheinen, wenn sie

a) im Einklang mit den Spuren im Papyrus (und ggf. den – nicht zu kühn geänderten – *Disegni*) ist,

b) sprachlich einwandfrei, logisch-kohärent und im Fluss des Textes natürlicherweise zu erwarten ist,

c) es nicht mehrere, ungefähr gleich plausible oder ungefähr gleich wahrscheinliche Rekonstruktionen gibt, die eine andere Konnotation oder anderen Sinn in die Passage bringen könnten.

Gewiss dürften Papyrologen im Einzelfall diese drei „objektiven" Kriterien recht „subjektiv" auslegen, aber sie taugen doch als Orientierung. Ferner sollte man sich davor hüten, gegen „Youtie's Law" zu verstoßen, d.h. im Umkreis von Lücken Fehler im Originalpapyrus anzunehmen.[218] Bei den Herkulanischen Papyri sollte man Youties allgemeine papyrologische Regel dahingehend erweitern, dass der Editor die Spuren im Papyrus auch nicht im Hinblick auf eine gewünschte Lesung/Konjektur „zurechtlesen" sollte (was gerade bei den Herkulanischen Papyri viel leichter als bei anderen Papyri geschehen kann – Tinte oder schwarzer Hintergrund, Annahme anderer Lage) oder die *Disegni* in freimütiger und unwahrscheinlicher Weise ändern sollte. Je zerstörter der Papyrus ist, desto sicherer sollte man die vorhandenen Spuren für eine Konjektur lesen und desto „perfekter" sollte das Griechisch sein. Gleichermaßen gefährlich kann auch unbegründete Vorsicht sein, also Offensichtliches nicht zu ergänzen und dadurch im Umfeld der nicht ergänzten Passagen falsche Rekonstruktionen von Teilsätzen zu ermöglichen.

Leider weiß man erst nach dem Fallen des Dominosteines, ob es diesen gibt oder ob er theoretisch auffindbar war. Findet man keine Ergänzung, kann dies zwei mögliche Ursachen haben: 1. Man war nicht findig (ingeniös) genug und hat eine mögliche Lösung verkannt (welche später vielleicht von Kollegen gefunden wird) 2. Es gab schlechterdings keine (im oben erklärten Sinne) seriöse Lösung. Ich selbst hatte teils nach Wochen der Suche manche Passagen fast schon aufgegeben, fand aber schlussendlich noch die Lösung. In anderen Fällen investierte ich auch nach langem Suchen noch mehr Zeit, ohne zu einer wahrscheinlichen Lösung zu gelangen. Es ist wie in einer Art gigantischem Kreuzworträtsel auf sehr hohem Niveau: Je nach individueller (philologischer) Begabung wird man durch Versuchen, Kombinieren und vertiefte Begleitstudien (Sprache des Autors, ähnliche Wendungen, historisch-philosophischer Kontext, Parallelen, etc.) ab einem bestimmten Punkt die (Teil)Lösung einer fragmentarischen Passage finden oder auch erkennen, dass es – zumindest für den jeweiligen Papyrologen – nichts zu finden gibt. Durch längeres Forschen an den Papyri kann man sich einige Fähigkeiten, Routinen und Techniken für die Textherstellung antrainieren (Worttrennung, geschickte lexikalische Suchen in einschlägigen Corpora, etc.), aber letztlich bleibt jede Passage ein Einzelfall, der papyrologisch-philologische Eingebung verlangt und mit unbedingtem, beharrlichem Lösungswillen anzugehen ist. Bald siegt der Papyrologe und entlockt dem Papyrus das Geheimnis, bald siegt der Papyrus und behält sein Geheimnis für sich. Manchmal hilft der schnelle, unvoreingenommene Blick und Einfall eines Kollegen bei der Rekonstruktion einer Passage, über der man zuvor

---

218 Reinhold Merkelbach, „Lex Youtie," *ZPE* 38 (1980): 294. Erst recht sollte man nicht in Lücken emendieren.

fruchtlos tagelang gebrütet hatte. Manchmal kommt man auf „die" schlüssige Lösung, die andere Papyrologen vor einem nicht fanden, aber der sie bisweilen durch manche Konjekturen schon den Weg bahnten. Manche Lesung oder Konjektur, die einem gerade noch brillant erschien, entpuppt sich nach erneutem Betrachten mit einigem zeitlichen Abstand als töricht, ja unhaltbar. Andere Konjekturen werden durch längeres Reflektieren oder das *placet* von Kollegen gleichsam bestätigt. Manche überzeugende, lang ersehnte Lösung für eine Passage wird von den papyrologischen Kollegen geradezu enthusiastisch gefeiert, andere Vorschläge werden skeptisch zurückgewiesen. Überzeugende Konjekturen bzw. Rekonstruktionen sind für Papyrologen das, was große Grabungsfunde für die Archäologen sind – nur dass Papyrologen diese Schätze geistig-philologisch im Papyrus ergraben müssen. Es sei nicht verschwiegen, dass die philologische Puzzlearbeit an Herkulanischen Papyri ein nicht geringes, beinahe bedenkliches Suchtpotential in sich birgt, da sie neben mancher Pein auch Entdeckerfreuden von außerordentlichem Reiz bereithält, besonders wenn neue Textrekonstruktionen mit bis dahin unbekannten, aufschlussreichen harten Fakten von einiger Relevanz einhergehen – wie etwa im Falle des *Index Academicorum*.

15 Fallstudie II: Beispiel einer Neurekonstruktion im *Index Academicorum*

> ... aber am eigenen Leibe habe ich erfahren müssen, wie schwer man durch das Gewirr moderner, oft ganz unmöglicher Ergänzungen und Erklärungen zu der Überlieferung dringt. Ich will nur selten solche Mißgriffe rügen; aber reiner Tisch muß gemacht werden. Die ars nesciendi ist im Philodem nur zu sehr außer Übung gekommen.
>
> Ulrich von Wilamowitz-Moellendorff, zum *Index Academicorum* (1910)

15.1 Gegenstand und Bedeutung von Philodems *Index Academicorum*

Als Exempel für die Verbesserung eines Herkulanischen Papyrus über die Jahrzehnte und Jahrhunderte soll in einer zweiten Fallstudie eine Passage aus dem sogenannten *Index Academicorum* angeführt werden. Dieser Papyrus (PHerc. 1691/1021 und 164)[219] ist ein Buch (Band) eines großangelegten Werkes Philodems über die Geschichte der Philosophie mit dem Titel Σύνταξις τῶν φιλοσόφων („Zusammenstellung von Philosophen").[220] Das Buch zu Platon und der Akademie ist das am besten erhaltene. Trotz Philodems Autorschaft handelt es sich nicht um eigentliche epikureische Literatur, sondern um eine sachlich-neutrale Darstellung der Entwicklung der platonischen Akademie von Platon bis in die Gegenwart Philodems.[221] Einige Herkulanische Papyri sind der *syntaxis* mit Sicherheit oder hoher Wahrscheinlichkeit zuzuweisen. So haben wir separate Bücher über die Akademiker, die Stoiker, die Epikureer, Sokrates, womöglich Vorsokratiker und ein (erschlossenes) Buch über Dialektiker und Kyniker.[222] Diese philosophie-historischen Bücher Philodems gewähren uns oftmals einzigartige, nirgends sonst überlieferte Daten und Fakten zu Philosophen und philosophischen Entwicklungen. Ferner sind sie auch quellengeschichtlich

---

[219] Holger Essler, „Copy-paste in der Antike," *ZPE* 212 (2019): (1–24), 15 argumentiert gegen Gianluca Del Mastro, „Frustula Herculanensia III," *CErc* 48 (2018): (161–169), 161–165, dass die wenigen Fetzen von PHerc. 796 nicht dem *Index Academicorum* zuzurechnen sind.

[220] Das Werk war bis zum Fund der Herkulanischen Papyri nur durch eine Erwähnung bei Diogenes Laertius bekannt (D.L. 10,3: καθά φησι Φιλόδημος ὁ Ἐπικούρειος ἐν τῷ δεκάτῳ τῆς τῶν φιλοσόφων συντάξεως).

[221] Als *terminus post quem* fungiert der Tod des Antiochus von Askalon 68 v. Chr. (Kol. 34–35).

[222] Kilian Fleischer, „Structuring the History of Philosophy – A Comparison between Philodemus and Diogenes Laertius in the Light of New Evidence," *CQ* 69 (2019): (684–699).

bedeutsam, insofern sie aus (sehr) frühen Autoren schöpfen, welche später verlorengingen. Die Σύνταξις τῶν φιλοσόφων ist die älteste (teil)überlieferte Philosophiegeschichte der Antike überhaupt – „überliefert" durch den Vesuvausbruch.

Der *Index Academicorum* nimmt unter den Herkulanischen Papyri auch deshalb eine Sonderstellung ein, weil er die einzige umfangreichere Entwurfsversion der Herkulanischen Bibliothek ist, eine vorläufige Arbeitsfassung Philodems (PHerc. 1691/1021), welche – womöglich über einen weiteren Zwischenschritt – zur Endversion ausgearbeitet wurde, von der wir auch wenige Reste für Vergleichszwecke besitzen (PHerc. 164).[223] Der *Index Academicorum* hat alle Charakteristika von „work in progress": Einfügungen, Verweise, kurze Randbemerkungen, Tilgungszeichen, Dubletten, Transpositionszeichen, überflüssige Exzerpte. Es ist noch eine gewisse Unordnung in diesem Konzept-Papyrus zu konstatieren, wobei die Konturen der Endversion schon erkennbar sind.

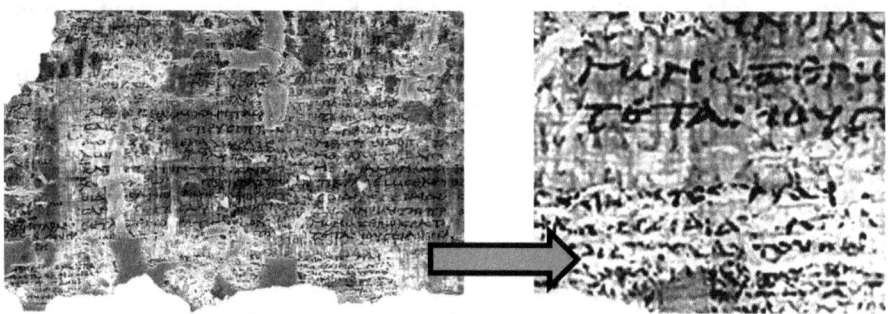

Abb. 53: HSI – Kolumnen 5–7, unterer Teil   **Abb. 54:** Klein geschriebene Ergänzung

Ferner ist der Papyrus auch der einzig umfangreichere Opisthograph der Sammlung (siehe 10.4), was bedeutet, dass auf der Rückseite (Verso) des Papyrus einige Kolumnen geschrieben wurden, welche Philodem bzw. sein Schreiber nach weiterer Recherche nachtrugen, als auf der Vorderseite (Rekto) bereits der erste Entwurf stand. Auf der Vorderseite befinden sich etwa 40 Kolumnen, auf der Rückseite 12 Kolumnen.[224] Folglich ist dieser Papyrus allein material- bzw. buchgeschichtlich schon eine einmalige Schatzgrube, da er uns erlaubt, den

---

223 Vgl. Dorandi, Platone e l'Accademia (wie Anm. 94), 112–113 und Tiziano Dorandi, Nell' officina dei classici. Come lavoravano gli autori antichi (Rom, 2007), 40–42.
224 Vgl. Fleischer, *Die Lokalisierung* (wie Anm. 123).

Arbeitsprozess antiker Autoren, zumindest Philodems, nachzuverfolgen. Wir können Philodem beim Werden seines Buches gleichsam „über die Schulter schauen".[225]

Doch wird dieser buchgeschichtliche Aspekt von dem Inhalt des Papyrus noch einmal in den Schatten gestellt wird. Der *Index Academicorum* enthält Angaben zu Platon und seinen Nachfolgern bis in die Zeit Philodems, welche von der Überlieferung oft gänzlich unterschlagen wurden. Während einige dieser Informationen als eher belanglos gelten können, erhellen viele andere die Biographien und Entwicklungen namhafter Akademiker in solchem Ausmaß, dass der Papyrus während der letzten 150 Jahre immer wieder das Interesse bekannter Klassischer Philologen auf sich zog. Gesamtausgaben wurden von Bücheler (1869), Mekler (1902) und Dorandi (1991) besorgt, eine wichtige Teilausgabe von Gaiser (1988).[226] Daneben haben insbesondere Gomperz, Wilamowitz-Moellendorff, Crönert, Jacoby und in jüngerer Zeit Puglia sich Teilen des Papyrus mit Hingabe gewidmet.[227]

---

[225] So der Titel eines Artikels von Tiziano Dorandi, „Den Autoren über die Schulter geschaut," *ZPE* 87 (1991): (11–33).

[226] Franz Bücheler, *Academicorum philosophorum index Herculanensis* (Greifswald, 1869) – nur auf Grundlage der *collectio altera*; Siegfried Mekler, *Academicorum philosophorum index Herculanensis* (Berlin, 1902); Dorandi, *Platone e l'Accademia* (wie Anm. 94); Konrad Gaiser, *Philodems Academica* (Stuttgart-Bad Cannstatt, 1988).

[227] Gomperz überließ Mekler seine Aufzeichnungen für dessen Ausgabe des *Index Academicorum*; von seinen Beiträgen ist etwa Theodor Gomperz, „Die Akademie und ihr vermeintlicher Philmacedonismus. Bemerkungen zu Bernay's Phokion," *WS* 4 (1882): (102–120) zu nennen. Die auf Antigonus zurückgehenden Kolumnen wurden von Wilamowitz (Wilamowitz, *Antigonos* [wie Anm. 84], besonders 62–69) eingehender besprochen, der auch Mekler bei seiner Ausgabe beriet. Neben Passagen im schon genannten „Kolotes und Menedemos" (siehe Anm. 89) unterzog Crönert den Papyrus auch einer Autopsie und schrieb eine wichtige Studie zum Charakter des Papyrus in Crönert, „Überlieferung des Index Academicorum" (wie Anm. 85). Puglia verfasste zahlreiche kleinere Beiträge mit Textvorschlägen, darunter Enzo Puglia, „Le biografie di Filone e di Antioco nella Storia dell'Academia di Filodemo," *ZPE* 130 (2000): (17–28), wo er überzeugend argumentierte, dass Philodem auch einige Zeit in Alexandria lebte. Jacoby schöpfte für diverse Bände von *Die Fragmente der griechischen Historiker* aus dem *Index Academicorum* (und anderen Papyri), insbesondere für die Verse aus Apollodors *Chronik* (Felix Jacoby, *Apollodors Chronik* [Berlin, 1902]).

Abb. 55: „Philosophenmosaik von Neapel" (vielleicht eine Darstellung der Akademie)

Abb. 56: Platon in Raffaels „Schule von Athen"

Meine Arbeiten an der Neuausgabe des *Index Academicorum* sind bereits recht fortgeschritten. Im Vergleich zu Dorandis Vorgängeredition werden etwa 25–30% mehr bzw. verbesserter Text stehen, d.h. zig hunderte neue Wörter, darunter komplette Rekonstruktionen bisher als fruchtlos geltender Passagen. Dieser textuelle Fortschritt geht bei der engen Informationsdichte des Papyrus mit zahlreichen neuen Fakten zu Platon und seinen Nachfolgern in der Akademie einher. Im Gegensatz zu Dorandi (1991) konnte ich erstmalig die Multispektralbilder und auch die Hyperspektralbilder ausnutzen, was sich als äußerst ergiebig herausstellte. Daneben war auch eine sorgfältige Autopsie über zwei Jahre in Neapel sowie die Anwendung eines neuen Editionssystems und die Erstellung eines umfangreichen diplomatischen Transkripts mit Spurenbeschreibung von großer Bedeutung. Es ist ein Grundanliegen meiner Edition, den neuen Text auch in einer solchen Form zu präsentieren und mit Einleitung und Kommentar zu kontextualisieren, dass er nicht nur von Papyrologen, sondern von allen Altertumswissenschaftlern, aber auch Philosophen und Theologen bequem und ergiebig genutzt werden kann.

15.2 Fallstudie: Neurekonstruktion zwischen technischem und philologischem Fortschritt

In der ersten Fallstudie (14) wurde bereits deutlich, dass der Schlüssel für neuen, zuverlässigen Text in philologischer Detailarbeit liegt. Wie diese Arbeit am Objekt, sprich an einem Herkulanischen Papyrus, für eine bestimmte Passage aussehen kann, soll im Folgenden in einer zweiten Fallstudie zu Philodems *Index Academicorum* illustriert werden. Ich habe mich entschieden eine überschaubare Passage zu wählen, deren Neurekonstruktion rein inhaltlich zwar wenig spektakulär ist, aber exemplarisch die Bewertung und Kombination der verschiedenen „Quellen" für den Papyrus sowie den Nutzen neuester Bildgebungsverfahren und philologischer Methoden verdeutlicht.

Auch Platons Nachfolger und Neffe Speusipp (348/47–339/38) wird im *Index Academicorum* erwähnt.[228] Zu Beginn seiner Vita liest man, dass er von Platon die Schule übernahm (Kol. 6,27–30). Daraufhin folgen einige Zeilen zur Widmung von Statuen (Chariten). Als Parallele kann der Beginn der Speusipp-Vita bei Diogenes Laertius herangezogen werden (D.L. 4,1: ... διεδέξατο δ' αὐτὸν Σπεύσιππος Εὐρυμέδοντος Ἀθηναῖος, τῶν μὲν δήμων Μυρρινούσιος, υἱὸς δὲ τῆς ἀδελφῆς αὐτοῦ Πωτώνης. ... Χαρίτων τ' ἀγάλματ' ἀνέθηκεν ἐν τῷ μουσείῳ τῷ ὑπὸ Πλάτωνος ἐν Ἀκαδημείᾳ ἱδρυθέντι). Bisherige Ausgaben der Stelle lesen sich wie folgt:

Phld. Ind. Acad. (PHerc. 1021), Kol. 6,30–38[229]

Bücheler 1869 (nur auf Basis von N)	Mekler 1902
30 - - -	30 [Σπεύ]σιππ[ο]ν [δ' εἰκό-
- - -	νας Χαρίτων ἔ]τ' οὔ[σας ἀνα-
- - -	θεῖναί φη]σι Φιλ[όχορος καὶ
- - -	κατέ]χο[υσας] τὸ μουσεῖον,
οὔτ[ω] ἐ[πιγέ]γρα[π]ται· „	ἐφ' αἷ[ς] ἐ[πιγέ]γρα[π]ται· „τᾳ[σ-
35 δεθ θεὰς Χάριτας Μ[ού-	35 δε θ[εαῖσι] θεὰς Χάριτας Μ[ού-
σαις [ἀν]έθ[ηκε] Σπεύσιππ[ος	σαις [ἀ]νέ‹θη›κεν Σπεύσιππ [ος

---

228 Zu Speusipp siehe etwa John Dillon, *The Heirs of Plato: A Study of the Old Academy (347–274 BC)* (Oxford, 2003), 30–88; Margherita Isnardi Parente, „Speusippe de Myrrhinonte," in *DPhA 6* (hg. von Richard Goulet; Paris 2016) (528–539). Fragmentsammlung von Margherita Isnardi Parente, *Speusippo. Frammenti* (Neapel, 1980) und Leonardo Tarán, *Speusippus of Athens. A critical study with a collection of the related texts and commentary* (Leiden, 1981).
229 Der Beginn von Zeile 30 (Ende des vorherigen Satzes) wurde jeweils der Übersicht wegen weggelassen.

σοφίης εἵν]εκα δῶρα τε-
38 λῶ[ν]. usw.

35 τάσ]δε θ[εῇσι coniecit Bücheler

... Auf diese Weise lautet die Inschrift:
... *göttlichen Chariten Musen weihte Speusipp als Geschenke wegen ihrer Weisheit.*
(eigene Übersetzung)

λο[γί]ων [εἵν]εκα δῶρα τε-
38 λῶν . usw.

30–32 Mekler 32 Φιλ[όχορος Bücheler (1902) 33 Mekler 34 ἐφ' α[ἷ]ς Mekler 35 Bücheler (1902) 36 [ἀ]νέ‹θη›κεν Gomperz 37 λο[γί]ων Gomperz: πο[λλ]ῶν Wilamowitz

Philochoros sagt, dass Speusipp Standbilder von Chariten weihte, die immer noch (dort zu sehen) sind und das Museion in Besitz haben. Die Inschrift zu ihnen lautet: *Diese göttlichen Chariten göttlichen Musen weihte Speusipp als Geschenke ob ihrer Orakelsprüche.*"
(eigene Übersetzung)

Gaiser 1988

30   [Σπεύ]σιππ[ο]ν [δὲ
      Χάριτας αὐ]τοῦ [τότ' ἀνα-
      θεῖναί φη]σι Φιλ[όχορος ἤδη
      κατ]έχο[ντα] τὸ μουσεῖον,
      ἐφ' α[ἷ]ς ἐ[πιγέ]γραπται· „τά[σ-
35   δε θ[εαῖσι] θεὰς Χάριτας Μ[ού-
      σαις [ἀ]νέ‹θη›κεν Σπεύσιππ [ος
      λο[γί]ων εἵνεκα δῶρα τε-
38   λῶν . usw.

Dorandi 1991 (=Gaiser 1988)

30   [Σπεύ]σιππ[ο]ν [δὲ
      Χάριτας αὐ]τοῦ [τότ' ἀνα-
      θεῖναί φη]σι Φιλ[όχορος ἤδη
      κατ]έχο[ντα] τὸ μουσεῖον,
      ἐφ' α[ἷ]ς ἐ[πιγέ]γραπται· „τά[σ-
35   δε θ[εαῖσι] θεὰς Χάριτας Μ[ού-
      σαις [ἀ]νέ‹θη›κεν Σπεύσιππ [ος
      λο[γί]ων εἵνεκα δῶρα τε-
38   λῶν. usw.

31 αὐ]τοῦ [τότ' Gaiser 32–33 ἤδη | κατ] ἐχο[ντα Jacoby (1954)

Speusipp habe dort damals Chariten aufstellen lassen, so sagt Philochoros, als er schon die (Leitung der) Schule (des Museions) innegehabt habe, und diese (diese Statuen) trügen die Inschrift: „*Göttliche Chariten wurden geweiht hier den göttlichen Musen als Geschenke Speusipps, der für Erkenntnisse dankt.*" (Gaisers Übersetzung)

Der geneigte Leser mag Vergnügen daran finden, sich anhand der folgenden Abbildungen als Herkulanischer Papyrologe zu versuchen und eine alternative Rekonstruktion zur letzten Ausgabe der Passage durch Dorandi (identisch mit der von Gaiser) zu erstellen, bevor er meine folgenden Ausführungen liest (Warnung: Sie dürften einige Zeit benötigen!).

Abb. 57: MSI – Philodem, Index Academicorum, Kol. 6,30–38

Abb. 58: HSI – Philodem, Index Academicorum, Kol. 6,30–38

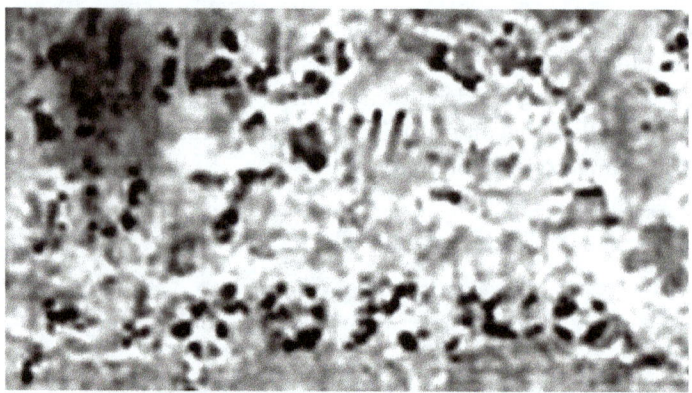

Abb. 59: HSI- Philodem, Index Academicorum, Kol. 6,31–33 (Zeilenbeginn)

Abb. 60: HSI- Philodem, Index Academicorum, Kol. 6,32 (7,32–33) – Rückplatzierung eines *Sottoposto*

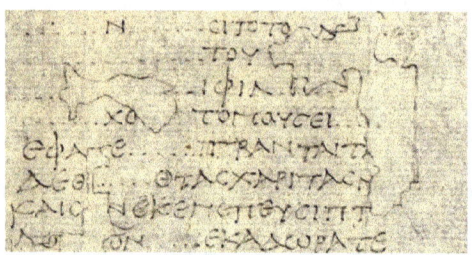

Abb. 61: *Oxford Disegno* – Phld. Ind. Acad. Kol. 6,30–38

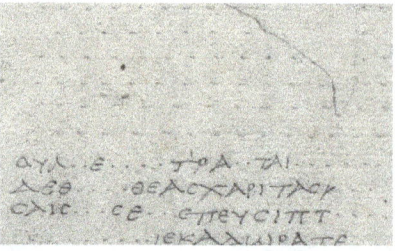

Abb. 62: *Neap.Disegno* – Phld. Ind. Acad. Kol. 6,30–38

Diese Zeilen im *Index Academicorum* überliefern uns das einzig bekannte, nur hier erhaltene Epigramm Speusipps, welches aus Anlass der Weihung von Chariten-Statuen im Museion entstand. Bereits Bücheler (1869) identifizierte im recht sorglos angefertigten *Neapolitanischen Disegno* ein Epigramm, aber erst Mekler (1902) konnte es (vorläufig) vervollständigen und rekonstruierte im Hinblick auf die Parallele bei Diogenes Laertius den zu erwartenden Kontext. Meklers Ergänzung von λο[γί]ων in Z. 37 ist etwas seltsam und scheint schon

Wilamowitz wenig überzeugt zu haben, dessen πο[λλ]ῶν jedoch gegen das Original und die Buchstaben im *Oxforder Disegno* geht. Man ging seit Mekler fest von einer Form von κατέχω (χο im *Oxforder Disegno*) und einem AcI aus, wobei schon Jacoby den Bezug auf die Chariten als seltsam empfand und das Partizip Mask. im Sinne von „leiten" bevorzugte.[230] Das Museion ist sonst aber nirgends als Synonym für die Akademie genutzt und auch von einer „Leitung des Museions" wissen wir nichts. Der Eigenname des Atthidographen Philochoros[231] als Quelle, der auch schon vorher von Philodem im *Index Academicorum* zitiert wurde, ist gesichert.

Wenden wir uns zuerst dem Epigramm (Z. 37) zu. Man sieht bei näherer Betrachtung des *Oxforder Disegno*, dass die Spitze des Dreiecks eigentlich eher für ein δ spricht. Dessen Horizontale ist anders als im *Disegno* auf den Bildern noch erkennbar, wo die Schrägen aber fast verschwunden sind. Die Rundung des folgenden Buchstaben spricht in Original und *Disegno* eher für ω. Somit gewinnen wir δώ[ρ]⌈ων⌉ (zu meinem Transkriptionssystem siehe weiter unten) anstelle des doch recht unpassenden λο[γί]ων, so dass sich das Epigramm nun mit dem doppelten Polyptoton um einiges schöner liest.[232]

Diese im Epigramm genannten Chariten wurden von Speusipp im von Platon gestifteten „Museion" aufgestellt, ein Musenheiligtum innerhalb des vornehmlich von Platon genutzten Teils des Akademie-Areals.[233] Wie in 14.3 dargelegt, sollten Ergänzungen in fragmentarischen Kontexten nicht nur „irgendwie

---

230 Mekler, *Index Academicorum* (wie Anm. 226), 37 fasst das Verb als feierlich-gekünstelte Beschreibung auf („de numinibus loca tuentibus sollemne"). Felix Jacoby vermerkt zu seiner Konjektur ἤδη κατέχοντα (Kommentar zu FGrH 328 F 224): „we expect a qualification of the time..., and in the generally assumed supplement καὶ κατεχούσας not only the position is surprising but particularly the reference to the Charites."
231 Zu Philochoros allgemein siehe FGrH 328, Felix Jacoby, Die Fragmente der griechischen Historiker. 3B (Leiden, 1954); Neubearbeitung von Nicholas Jones für *Brill's New Jacoby* (2016). Zur Atthidographie siehe Felix Jacoby, *Atthis: the local chronicles of ancient Athens* (Oxford, 1949) und Peter Harding, *The Story of Athens. The Fragments of the Local Chronicles of Attika* (London, 2008).
232 Zu dieser Neulesung und dem Epigramm siehe ausführlich Kilian Fleischer, „Eine Verfeinerung von Speusipps einzigem Epigramm – Geschenke von und für Musen," *Hermes* 147 (2019): (366–371).
233 Vgl. Klaus Döring, „Platons Garten, sein Haus, das Museion und die Stätten der Lehrtätigkeit Platons," in *Anthropine sophia* (hg. von Francesca Alesse/Francesco Aronadio/Maria Dalfino/Luca Simeoni/Emidio Spinelli; Neapel, 2008), (257–273), 266–269. Für archäologische Ausgrabungen in der Gegend der Akademie siehe Eutychia Lygouri-Toli, „The Gymnasium of the Academy and the School of Plato," in *Platos' Academy. Its Workings and its History* (hg. von Paul Kalligas/Chloe Balla/Effie Baziotopoulou-Valavani/Vassilis Karasmanis; Cambridge, 2020), (46–64).

gerade noch Griechisch" sein, sondern lexikalisch-sprachlich und logisch einwandfrei, da sonst zu vermuten steht, dass falsch ergänzt wurde. Gleich bei welcher der vorgeschlagenen Ergänzungen ist κατέχω lexikalisch problematisch und selbst ein anderes Kompositum oder die Grundform wären nur schwierig in die Periode integrierbar. Zunächst fällt auf, dass das ν des angeblichen Akkusativs von Speusipp in Z. 30 eher der obere Teil eines σ zu sein scheint, was die bisherige Rekonstruktion der Syntax nachhaltig in Frage stellt. Meine über zweijährige Vertrautheit mit dem Lesen des Papyrus, konkret mit dem Auseinanderdividieren von Spuren, lässt mich in Z. 33 auf den HSI θη erkennen (mittels der bis 2019 alleinig zur Verfügung stehenden MSI vermochte ich die Spuren noch nicht sicher zu deuten).[234] Die folgenden Buchstaben scheinen (auch aus lexikalischen Gründen) mit κε kompatibel. Die Tinte zu Beginn der Zeile ist mit νε im Einklang. Die „Sequenz der Tintenspuren" macht νεθηκε unvermeidlich, auch wenn jeder Buchstabe isoliert betrachtet unsicher ist.[235] Hier wird deutlich, dass das „Lesen" des Papyrus und die Verbindung oder Kombination kleinster Tintenspuren eine nicht zu unterschätzende psycho-kognitive Herausforderung ist, welche Papyrologen oft noch mehr Geisteskraft und Energie als das Ergänzen von reinen Lücken abverlangt. Das „Lesen" des Papyrus ist oftmals vielmehr ein gedankliches Ergänzen und Verbinden von Spuren. Das finite Verb ἀνέθηκε(ν) passt gut zum Nominativ Σπεύσιππος und dem erwarteten Sinn der Zeilen – es erscheint nochmals im Epigramm. Das *Oxforder Disegno* hat hier offenbar mit dem falschen χο frühere Herausgeber in eine völlig andere lexikalische und syntaktische Richtung gelenkt. Die Ausgaben von Mekler, Gaiser und Dorandi suggerieren, dass χο noch im Originalpapyrus gelesen werden kann, was dem Leser im Endeffekt keine echte Chance mehr lässt, die Buchstaben und die Syntax in Frage zu stellen.

Schreiten wir bei der Rekonstruktion weiter – von hinten nach vorne. „Philochoros" dürfte als Quellenangabe wahrscheinlich mit einem ὡς-Satz eingebaut worden sein. In der Tat erkennt man auf den HSI (auf den MSI kaum) ein zuvor nicht identifiziertes *Sottoposto* am rechten Ende von Kolumne 7 (auf der Höhe von Z. 32) mit klaren Spuren von φησ, was um genau 10,7 cm in die Mitte von Kol. 6 (Z. 32) zurückverschoben werden muss (vgl. 13.1.6). Das *verbum dicendi* des erwarteten Einschubs steht somit fest. Das ι ist noch teils im Original

---

234 Wohl nur „ex-post" („ex eventu"), also nach Verfügbarkeit der HSI, scheint man nun auch auf den MSI diese Kombination lesen zu können.
235 Die Trennung der Präpositionen in Komposita ist häufig in Herkulanischen Papyri zu beobachten, vgl. etwa Phld. Ind. Acad. Kol. 1,1–2; siehe allgemein Crönert, *Memoria Graeca* (wie Anm. 89), 12.

und im *Oxforder Disegno* erhalten (Kolumne 6). Nun ergibt sich aus der Parallele bei Diogenes und dem Kontext, dass wohl auch irgendwo Χάριτας gestanden haben muss. Hier helfen vereinzelte Buchstaben(reste) im Original oder *Disegno* das Wort an bestimmten Stellen „auszuschließen" und damit indirekt zu platzieren. Zu Beginn von Z. 31 erkennt man auf den MSI und HSI recht gut ιδ. Am Ende von Z. 30 ist kein Raum für die „Chariten", am Anfang und Beginn von Z. 31 werden sie durch gewisse lesbare Buchstaben verhindert, so dass sie am Ende von Z. 31 und zu Beginn von Z. 32 zu ergänzen sind. In der Tat sieht man zu Beginn von Z. 32 Spuren eines τ und die „Chariten" passen gut zum Raum. Die neue Struktur des Satzes nimmt immer mehr Gestalt an.

Welche Bewandtnis hat es mit der Kombination ιδ in Z. 31, vor der offenbar noch ein weiterer Buchstabe stand? Längere lexikalische Überlegungen und Worttrennungserwägungen sowie eine genauere Untersuchung der Spuren zu Beginn der Zeile führen auf φιδ, was in diesem Kontext quasi nur zu ἀδελφιδοῦς ergänzt werden kann: Speusipp war bekanntlich Platons Neffe (Platon war in der vorherigen Zeile genannt) und wird in philosophiehistorischem Kontext oft mit diesem Verwandtschaftsverhältnis spezifiziert.[236] Das bisher mysteriöse oder störende του in der Mitte von Z. 31 ergibt nun nach einigem Nachdenken und Probieren auch Sinn. Speusipp war *sein* (des zuvor genannten Platons) Neffe (αὐτοῦ). Der offene Raum kann durch das erwartete Partizip ὤν aufgefüllt werden. Ob im Folgenden eine Qualität oder Quantität oder aber etwa καὶ τὰς (Speusipp übernahm die Schule und weihte auch…) stand, ist kaum zu entscheiden. Noch stört in Z. 33 das Museion im Akkusativ und die kleine Lücke. Haben wir einen Fehler gemacht? Gerade wenn kleine Lücken in solch fragmentarischen Kontexten nicht logisch ergänzt werden können und plötzlich Wörter in unerwarteten Kasus stehenbleiben, kann dies oft auf einen Fehler bei der Ergänzung der anderen Zeilen bzw. der Periode hindeuten. Durch etwas Überlegen kommt man darauf, dass das Verb oft idiomatisch mit εἰς zusammengeht, was die Lücke schließt.[237] Interessant ist auch, dass in Z. 30 die Spitze bzw. der obere Teil des α, der auf den HSI erkennbar ist, im *Oxforder Disegno* als Teil einer Kurve offenbar irreführend wiedergegeben wurde.

---

[236] Vergleiche etwa Eus. PE 14,5,1 (Numenios frg. 24 Des Places): Ἐπὶ μὲν τοίνυν Σπεύσιππον τὸν Πλάτωνος μὲν ἀδελφιδοῦν, Ξενοκράτη δὲ τὸν διάδοχον τὸν Σπευσίππου, …. Wie im *Index Academicorum* hat etwa auch Plut. De amore frat. 491F: οὕτω καὶ Πλάτων ἀδελφιδοῦν ὄντα Σπεύσιππον ἐκ πολλῆς ἀνέσεως καὶ ἀκολασίας ἐπέστρεψεν, … das Partizip von εἶναι.

[237] LSJ: „… set up as a votive gift, dedicate, … ἀνάθημα ἀνατιθέναι Hdt.1.53, 2.182; ἀ. τι ἐς Δελφούς Id.1.92, 2.135, 182, Pl.Phdr.235d, etc.; less freq. ἐν Δελφοῖς Theopomp.Com.1 D., Plut.Sol.25; … ."

Klingt alles logisch und einfach – im Nachhinein. Sind Sie, der Leser, auf die (objektiv wohl recht wahrscheinliche) Rekonstruktionslösung gekommen? Sie werden nun nachvollziehen können, gerade wenn Sie sich zunächst selbst an der Neurekonstruktion versucht haben, dass die Wiederherstellung solcher Passagen mehrere Tage oder noch länger dauern kann und viel Nachdenken und Nachschlagen in Lexika und Literatur erfordert. Oft lässt ein kleiner Anfangszweifel an früheren Rekonstruktionen, d.h. eine sprachliche Merkwürdigkeit oder Unsauberkeit innerhalb eines fragmentarischen Bereichs, eine kühne *Disegno*-Änderung oder die Inkompatibilität eines rekonstruierten (gelesenen) Buchstabens der Edition mit dem Originalpapyrus, komplette Rekonstruktionen und Interpretationen früherer Gelehrter in sich zusammenfallen oder führt zu substantiellen Korrekturen. Man muss mögliche „Angriffspunkte" suchen und versuchen sich langsam vorzuarbeiten, Pfade zu testen, Möglichkeiten einschränken und dann ggf. zur der einzig möglichen Lösung kommen, die es dann wiederum auf jede Weise zu „attackieren" gilt, um ihre Validität und Exklusivität zu prüfen.

Im Folgenden sei meine diplomatische und artikulierte (= literarische) Transkription der Zeilen samt Spurenbeschreibung gegeben. Im artikulierten/diplomatischen Transkript wurden Buchstaben aus den *Disegni* genommen (angezeigt mit oberen eckigen Klammern), wenn diese im Original nicht mehr eindeutig (ein anderer Buchstabe möglich) gelesen werden können und zugleich vom Original nicht ausgeschlossen sind. Jeder unsichere Buchstabe (Tintenspuren), Buchstabe aus dem *Disegno* bzw. aus einer anderen Lage (fett gedruckt) des diplomatischen Transkripts ist in der Spurenbeschreibung möglichst objektiv und „maximal zurückhaltend" beschrieben.[238] Eine Änderung des *Disegno* wird mit einem *Asteriskos* unter den Buchstaben vorgenommen;[239] ein Punkt bedeutet im artikulierten Transkript, dass die Buchstaben isoliert betrachtet unsicher sind (anderer Buchstabe möglich). Im Apparat sind alte Lesungen/Konjekturen dem neuen Transkript, soweit möglich, angeglichen und unmögliche Ergänzungen nicht mehr aufgenommen (nur in entscheidenden Fällen mit dem Vermerk „perperam").

---

[238] Die Spurenbeschreibung ist wie in der kommenden *editio maior* (ebenso für die Verse aus Apollodors *Chronik*, vgl. Fleischer, *Apollodorus' Chronica* [wie Anm. 112]) in englischer Sprache verfasst.

[239] Da das Original das χο des *Oxforder Disegno* zwar nicht wahrscheinlich macht, aber auch nicht völlig ausschließt, wurden gemäß der Systematik meiner kommenden *editio maior* die Buchstaben des *Disegno* eingesetzt und dann geändert (mit *Asteriskos*).

Phld. Ind. Acad. (PHerc. 1021), Kol. 6,30–38 (Fleischer – neu)

30   [Σπεύ]⸍⸌σι⸍π⸌π⸍ος δ' ⸌ἀ⸍[δελ-
      φιδο[ῦς ὤ]ν [αὐ]⸌τ᾿οῦ . [. . . . Χά-
      ριτ[ας, ὥς] φησ⸌ι⸍ Φι⸌λ᾿όχορο[ς, ἀ-
      νέθη⸌κε⸍[ν εἰς] τὸ μουσεῖον,
      ἐφ' αἷ[ῖ]ς ἐ[πιγ]ὲ⸍γρα᾿πται· „ ⸌τά⸍[σ
35   δε θεαῖσι θεὰς Χάριτας Μ[ού-
      σαις [ἀ]νέθ⸜ηκ⸍ε⸌ν⸍ Σπεύσιππος
      δῷ[ρ]⸌ων⸍ [εἴ]νεκα δῶρα τε-
38   λῶν." usw.

30   . . .]⸌σι⸍π⸌τ᾿ορδ⸌. ⸍[. . . .
      .ιδ.[. . . .] . [. .]⸌τ᾿ου. .[. . . . . .
      . . .[. . . .]φησ⸌ι⸍φι⸌λ⸍. . . .[. .
      . . . .⸌χο⸍[. . . .]τομουσει . .
      εφα[.] . ε[. . .] . ⸌γρα⸍. ται⸌τ.⸍[.
35   δεθ. .ισιθεασχαριτασμ[. .
      σαισ[.]νεθ⸜⸍. .⸌ε⸍ν⸍σπευσιππ. .
      . . [.]⸌ων⸍[. ⸌ͺ⸍] .εκαδωρατε
      λω.   usw.

KF= Kilian Fleischer   30 [Σπεύ]⸍⸌σιππ᾿ος
KF: [Σπεύ]⸍⸌σιππ᾿ον perperam Mekler
30-31 ⸌ἀ᾿[δελ]⸍φιδο[ῦς KF 31 ὤ]ν KF
[αὐ]⸌τ᾿οῦ Gaiser   κ[αὶ τὰς conieceris
31-32 Χά]⸌ριτ᾿ας KF 32 ὥς KF φησ⸌ι⸍
Mekler Φι⸌λ᾿όχορο[ς Bücheler 32-33
ἀ]νέθη⸌κε⸍[ν KF: κατέ⸌χο᾿[ντα (perperam) Jacoby: κατε⸌χο᾿ύ[σας (perperam)
Mekler 33   εἰς   KF 34-35
Bücheler   36 [ἀ]νέθ⸜ηκ⸍ε⸌ν⸍ (fort.
ἀ]νέ‹θη›κεν) Gomperz 37 δῷ[ρ]⸌ων⸍
KF: λο[γί]ων perperam Gomperz,
cetera Bücheler

P=Papyrus   O =Oxforder Disegno
30   σ O: curve P || ι O || τ O: π or τ P ||
curve at top O: ink at top (α,δ,λ likely)
P   31 ink at bottom and top (faded φ
likely) || ink || ink || τ O: γ or τ P || ink
at top   32 ink (curve?) at top || vert.
|| π or τ || **φησ**⁻¹ || ι O: ink (vert.?) P || λ
O: α,δ,λ P || curve || rising obl. with
joint at mid || ink at mid || vert. at
bottom || curve   33 scatt. ink (ν ?) ||
ε,θ,σ || ε or θ || η or κ || χο O: κ (more
likely) or χ, ε (more likely) or ο P || ||
ink (curve?) || ink   34 ink || ε or θ ||
γρα ON || two vert.s at bottom and ink
at top (π likely): ν O || τ O: part of horiz.
at top P || rising obl. at bottom O
35 ink || ink (part of triangle?)
36 (insertion not certain) ink || ink || ν
O: ink at bottom P: σ N || ink (curve?)
at bottom || curve   37 ink (horiz.?) at
bottom P: λ O || curve (ω likely) || ων
O: ink at bottom, vert. P || curve
38 vert.

„Sein Neffe Speusipp stellte, wie Philochorus sagt, ... Chariten im Museion als
Weihegeschenke auf. Die Inschrift zu ihnen lautet: *Diese göttlichen Chariten
göttlichen Musen weihte Speusipp als Geschenke ob ihrer Geschenke.*"

Wie bereits gesagt, wurde das Beispiel zur Illustration diverser Gesichtspunkte einer neuen papyrologischen Rekonstruktion gewählt und ist philosophisch-inhaltlich nicht sehr bedeutsam. Es können einige allgemein methodisch-papyrologische Folgerungen aus dem Fallbeispiel gezogen werden.

a) Bisher glaubte man trotz des fragmentarischen Zustands des Papyrus zumindest den inhaltlichen Kern (Weihung der Chariten im Museion und das Epigramm) korrekt und erschöpfend ausgemacht und ergänzt zu haben. Jedoch hat die Neurekonstruktion gezeigt, dass zusätzlich noch die Information „Speusipp als Neffe Platons" in diesen Zeilen enthalten war. Man sollte sich also über den vermeintlichen (einzigen) Inhalt fragmentarischer Zeilen nicht allzu sicher wähnen. Auch das Epigramm wurde durch die Neulesung verfeinert und damit ein Stück antiker Dichtung „geheilt".

b) Bevor ich ab 2019 die Hyperspektralbilder (10.4) zur Verfügung hatte, war es mir weder auf Basis des Originals noch der Multispektralbilder (MSI) möglich, die Tinte an entscheidenden Stellen vom Hintergrund zu unterscheiden und im Schwarz-Weiß-Gewirr Buchstaben zu isolieren. Im Gegensatz zu früheren Herausgebern schreckte ich damals zwar ob der vielen Stellschrauben davor zurück, mit irgendeiner konkreten Rekonstruktion der Passage aufzuwarten, aber ich vermutete ebenfalls, dass wohl eine Form von ἔχω oder κατέχω in Z. 33 (da MSI und Original das χο des *Oxforder Disegno* zwar nicht bestätigten, aber auch nicht eindeutig widerlegten) zu ergänzen wäre und insbesondere, dass die fragmentarischen Zeilen über die Weihung der Chariten hinaus keine Zusatzinformation enthalten würden. Das Beispiel ist durchaus repräsentativ für den Nutzen der HSI. Mit ihrer Hilfe konnten etliche Passagen im *Index Academicorum* verbessert werden, wo einzig auf Basis der MSI das Ultimum schon erreicht schien – oftmals mit weitaus gravierenderen Folgen als in diesem Fallbeispiel.

c) Das χο des *Oxforder Disegno* war tatsächlich ein κε. Dies ist an sich keine allzu ungewöhnliche Begebenheit bei Herkulanischen Papyri (*Disegni*), aber Grund genug, einige Gedanken über das Annotationssystem von Herkulanischen Editionen zu äußern. Ich selbst werde, wie oben gesehen, in meiner Ausgabe des *Index Academicorum* auch im Haupttext kenntlich machen, wenn ein Buchstabe aus dem *Disegno* eingesetzt wurde. Bei dem früheren κατ]έχο[ντα][240] war für den Leser der Editionen bei dem alten Annotationssystem nicht ersichtlich, ob χο sicher im Original gelesen wurde – dann wäre eine Form von ἔχω (bzw. Kompositum) fast zwingend – oder ob

---

[240] Woher das ε bei Gaiser und Dorandi kommen soll, ist unklar, aber das χο wurde korrekt aus dem *Disegno* übernommen.

die Buchstaben nur im *Disegno* erhalten sind und durch das Original nicht mehr bestätigt werden können. Im letzteren Fall müssen Ergänzungen, zumal wenn die *Disegni* viele Fehler aufweisen und der Text sehr fragmentarisch ist, als viel unsicherer gelten als unter der Voraussetzung, dass die Buchstaben im Original noch erhalten sind. Die Anwendung eines Editionssystems mit konsequenter Kenntlichmachung von nur auf den *Disegni* basierenden Buchstaben im Haupttext ist also wünschenswert, da der Leser nur so die Güte des Textes angemessen abschätzen kann und im Stande ist zu erkennen, ob der Text tatsächlich in dieser Form noch im Original erhalten ist oder lediglich auf Basis potentiell defizitärer *Disegni* restituiert wurde.[241] Seit einigen Jahren scheint sich diese Annotation von *Disegni*-Buchstaben bei Herausgebern in leicht variierenden Spielarten immer mehr einzubürgern. Objektivere Lesetexte sind das Resultat dieser neuen philologisch-papyrologischen Methode.

15.3 Zur kommenden Neuausgabe des *Index Academicorum*

Nach diesem zweiten Fallbeispiel sollen abschließend im Schnelldurchgang einige ausgewählte, durch Neulesungen gewonnene Erkenntnisse im *Index Academicorum* vorgestellt werden. Auf einem erst kürzlich entdeckten Rahmen (PHerc. 1691) finden sich drei weitere Kolumnen zu Platon mit dem Erwerb pythagoreischer Bücher, wohl von Philolaos.[242] Neulesungen führen zu einer Neubewertung und vielleicht Neudatierung von Stationen in Platons Vita und einiger Episoden (Kol. 1*–6). Ferner konnten viele Verbesserungen in den Kolumnen zu Speusipp (vgl. das Beispiel in 15.2), Xenokrates und Herakleides Ponticus vorgenommen werden (Kol. 6–10). Bibliometrische Studien waren hier hilfreich. Auch kamen im Leben des Chairon (Kol. 11–12) erstmalig der vollständige und korrekte Titel eines Werkes des Hermipp und eine bisher unbekannte

---

241 Andernfalls wäre zumindest eine diplomatische Transkription mit explizitem Verweis auf die *Disegni* innerhalb der Editionen wünschenswert.
242 Gianluca Del Mastro, „Altri frammenti dal PHerc. 1691: Filodemo, Historia Academicorum e Di III," *CErc* 42 (2012): (277–292) und Kilian Fleischer, „Philolaus' book(s) in Philodemus' Index Academicorum," in *Presocratics and Papyrological Tradition. A Reappraisal of the Sources. Proceedings of the International Workshop held at the University of Trier (22–24 September 2016)* (hg. von Christian Vassallo; Berlin, 2019), (147–159).

Rede von Hypereides samt Titel (natürlich ein Auszug) zum Vorschein,[243] ebenso der Name eines neuen Krieges aus Klassischer Zeit.[244] Die Kolumnen zu den akademischen Scholarchen Polemon und Arkesilaos[245] (Quelle: Antigonos von Karystos) wurden grundlegend überarbeitet (Kol. 13–20) und die Passagen zu Lakydes, Karneades und Kleitomachos warten mit einigen Überraschungen und viel neuem Text auf (Kol. 21–26).[246]

Zahlreiche Neulesungen ziehen prosopographische Änderungen zur *Neuen Akademie* nach sich, für welche der *Index Academicorum* ein wichtiger und oft exklusiver Zeuge ist.[247] Von besonderem Interesse ist ein sich über sechs Kolumnen erstreckendes wörtliches Exzerpt in Versform aus der *Chronik* des Apollodor von Athen (ca. Kol. 26–32), welches beinahe durchweg anderweitig unbekannte Nachrichten zu Akademikern enthält. Ich besprach und edierte die Apollodorverse 2020 in einer gesonderten Monographie.[248] Daneben sind die letzten vier Kolumnen (Kol. 33–36) des Papyrus sehr wertvoll, da Philodem hier mehrere Selbstbezüge macht und als zeitgenössischer Gewährsmann in Erscheinung tritt. Wir erfahren, dass Philodem in Alexandria weilte sowie mit Antiochus von Askalon und einigen seiner Schüler befreundet war.[249] Ferner verdanken wir fast ausschließlich diesen Kolumnen eine Rekonstruktion des Lebens von Philo von Larissa (Kol. 33–34) und einige Angaben zu Antiochus von Askalon (Kol. 34–35).[250] Am Ende der Rolle (Kol. 36) findet sich nicht, wie

---

243 Kilian Fleischer, „The Complete Title of a Work of Hermippus (FGrHist 1026 39,40),‟ *ZPE* 206 (2018): (40–46); Kilian Fleischer, „Eine neue Hypereidesrede aus Herkulaneum: Gegen die Gesandten des Antipatros (PHerc. 1021 Kol. 11+12),‟ *ZPE* 207 (2018): (21–38).
244 Kilian Fleischer, „Ein neuer Krieg in Klassischer Zeit – Der Hyperasische Krieg, Pellene und Chairon (bei Dikaiarch/Hermippus/Philodem),‟ *ZPE* 215 (2020): (6–19).
245 Für Neulesungen durch HSI siehe etwa Bukreeva et al., „Hyperspectral Images" (wie Anm. 122).
246 Vgl. etwa Kilian Fleischer, „Carneades – The one and only,‟ *JHS* 139 (2019): (116–124) und Kilian Fleischer, „New Evidence on Carneades: Reasons for His Avoidance of Writing and an Epistemological Pun,‟ *OSAP* 59 (2020), 265–297.
247 Vgl. Wilamowitz, „Lesefrüchte" (wie Anm. 84), 406.
248 Fleischer, *Apollodorus' Chronica* (wie Anm. 112).
249 Vgl. Kilian Fleischer, *Dionysios von Alexandria – De natura (περὶ φύσεως) – Übersetzung, Kommentar und Würdigung – Mit einer Einleitung zur Geschichte des Epikureismus in Alexandria* (Turnhout, 2016), 81–104.
250 Unter den zahlreichen Beiträgen zu diesen Kolumnen seien etwa Puglia, „Le biografie" (wie Anm. 227), Blank, „Life of Antiochus" (wie Anm. 95), Kilian Fleischer, „New Evidence on the Death of Philo of Larissa (PHerc. 1021, col. 33,42 –34,7),‟ *CCJ* 63 (2017): (69–81) und Kilian Fleischer, „Starb Philo von Larisa im Alter von 63 Jahren?,‟ *APF* 63/2 (2017): (335–366) herausgegriffen.

bisher angenommen, eine Rekapitulation des *Index Academicorum*, sondern eine Vorschau auf das nächste Buch zu Dialektikern und Kynikern.[251]

Rein buchgeschichtlich oder materialgeschichtlich ist erwähnenswert, dass die Kolumnen auf dem Verso des Papyrus nun mittels eines Lochabgleichs der *Disegni* recht genau lokalisiert werden konnten, was durch die Hyperspektralbilder im Wesentlichen bestätigt wurde.[252] Darüber hinaus konnte ich in einigen Kolumnen des Verso und einer Randnotiz dieselbe Hand identifizieren, welche gar diejenige Philodems sein könnte.[253] Auch wurden Teile der Rolle während der Arbeit am antiken Manuskript in einem Prozess des „Copy-Paste" zerschnitten und wieder zusammengeklebt.[254] Es ist zu hoffen, dass meine Neuausgabe noch von gerade anlaufenden technischen Experimenten (siehe 10.5) profitieren kann, welches das Verso komplett sichtbar machen sollen. Die Neulesungen von Passagen im *Index Academicorum* ziehen bisweilen weitreichende Konsequenzen nach sich, da mit ihnen einige Thesen zu Biographien und Entwicklungen von Akademikern verbunden sind.

---

251 Fleischer, „Structuring the History of Philosophy" (wie Anm. 222).
252 Fleischer, „Lokalisierung" (wie Anm. 123) und Bukreeva et al., „Hyperspectral Images" (wie Anm. 122).
253 Die Frage nach der *manus Philodemi* im Lichte neuer Entdeckungen im *Index Academicorum*, deren Existenz Gelehrte in den letzten Jahren mitunter vehement negierten, werde ich anderweitig ausführlicher behandeln. Immerhin wäre es die Hand, wie Rauchhaupt, „Verkohlte Wörter," (wie Anm. 1), 54 trefflich schrieb, „die jene Ciceros und Caesars geschüttelt haben dürfte".
254 Essler, „copy-paste" (wie Anm. 219).

16 Rückblick und Ausblick – Die Zukunft der Herkulanischen Papyrologie

> ... Vielleicht werden mit dem Fortschreiten all dieser Arbeiten, die eine unendliche Geduld, eine besondere Art von Scharfsinn und ein Gutteil Glück erfordern, noch ganze Gedichte wiedergeboren werden ... Weitaus das Meiste und wahrscheinlich das Schönste ist verloren. Ist vorläufig verloren. Wenn einmal ein Zeitalter anbrechen sollte, in dem die Kulturvölker gesonnen sind, sich dieses Namens würdig zu erweisen, wenn einmal ein Bruchteil der Geisteskraft und der Geldmittel, die bislang auf die Erfindung und den Bau von Vernichtungswaffen verwandt wurden, in den Dienst einer beglückenden und bereichernden Forschung gestellt werden sollte, dann könnte der wunderbare Schatz ... gehoben werden. Wir wissen, daß dieser Schatz vorhanden ist, wir wissen auch, wo er ruht. Aber wir können ihn nicht heben. Er ruht nämlich unter der Lava, die sich einst über die alte Straße von Pompeji nach Herkulaneum ergossen hat, er ruht in den Landsitzen der reichen Römer, die an dieser Straße standen, er ruht in den Bibliotheken dieser Landsitze. Wir können ihn nicht heben, weil niemand das Geld für die Beseitigung der meterdicken Lavamassen zur Verfügung stellt, und wir können ihn nicht heben, weil die Chemie noch kein brauchbares Verfahren entwickelt hat, das die verbrannten Rollen, wenn man ihrer erst einmal habhaft geworden ist, vor dem Zerfall und die Schrift vor dem Vergehen bewahrt. Die Rückständigkeit der Chemie erklärt sich daraus, daß die Nachfrage nach einem solchen Verfahren bislang nicht so drängend war wie die Nachfrage etwa nach einer Atombombe.
>
> Manfred Hausmann, *Das Erwachen* (1949)

Etwa 200 Jahre nach Entdeckung der Herkulanischen Rollen spricht aus diesen Zeilen die ungebrochene deutsche Liebe zur Antike, es spricht die Sehnsucht nach dem Wahren, Schönen und Guten, die Hoffnung auf Geistesschätze, welche von allen Wirren der Zeiten unberührt bleiben, deren Majestät die unvollkommene Gegenwart überstrahlt und für deren Bergung keine Mühen zu scheuen sind. In den Zeilen hallt das Echo der Goethezeit mit ihrer Antikenbegeisterung wider, einer zutiefst leidenschaftlichen Begeisterung, die durch die Funde in Herkulaneum entscheidend mitentfacht wurde und deren segensreiche Ausläufer noch lange nach Goethe Kultur und Geistesleben Deutschlands und Europas prägten. Bei aller objektiv wissenschaftlichen Bedeutung schon entdeckter und noch zu entdeckender Literatur aus Herkulaneum hatten das Lesen und die Suche nach den Papyri auch immer eine tiefere, menschlich-psychologische Dimension: Neugier und Entdeckerfreude, die Erwartung umstürzender Erkenntnisse, das Verzweifeln über das scheinbar zum Greifen Nahe und doch so Ferne, das Enträtseln von Geheimnissen, die Unsicherheit menschlichen Wissens (wenn die Buchstaben des Originals vor den Augen des Lesers verschwinden, Unsichtbares digital sichtbar wird oder sich philologische Ergänzungen als zweifelhaft herausstellen), die Fragilität unserer

Existenz (versinnbildlicht durch die zerfallenden Papyrusrollen oder das Inferno des Vesuvausbruchs), das Graben nach tief im Inneren verschütteten Wahrheiten, das Wiederentdecken von Literatur, die für Menschen aller Zeiten geschrieben wurde und uns einen Hauch von Ewigkeit verspüren lässt.

Abb. 63: Die Herkulanischen Papyri und Antike Philosophie

Mit dem vorliegenden Büchlein sollte für einen weiteren akademischen Interessentenkreis kompakt in die Herkulanischen Papyrologie eingeführt werden und eine erste Orientierung zu aktuellen technischen und philologischen Entwicklungen gegeben werden. Die Geschichte der Papyri, ihrer Aufrollung und Herausgabe ist weniger Fachgeschichte als Kulturgeschichte. Entgegen landläufiger Meinung ist die Herkulanische Sammlung alles andere als erschöpft und weist auch inhaltlich über Epikur und Philodem hinaus. Ich habe mich bemüht, dass textuelle Potential und die inhaltliche Spannbreite aufgerollter sowie unaufgerollter Papyri aufzuzeigen. So ist auch von bereits aufgerollten Papyri textuell noch Neues zu erwarten. Der Fortschritt bei in den letzten zwei Dekaden erschienen Neuausgaben von früher bereits edierten Papyri ist einerseits dem Umstand zu verdanken, dass wir nun mit den Multispektralbildern (Hyperspektralbildern) mehr sehen können als mit dem bloßen Auge. Andererseits wurden exaktere Verfahren zur bibliometrischen Rekonstruktion und ausgefeilte Editionsmethoden entwickelt, während digitale Hilfsmittel vieles vereinfachen oder erst ermöglichen. Neulesungen implizieren nicht selten ein neues Verständnis von Passagen und gehen mit neuen Fakten einher. Philodems *Index Academicorum* ist hierfür ein besonders ausgeprägtes Beispiel. Noch größeres Potential als in den aufgerollten Papyri dürfte in den hunderten noch ungeöffneten Rollen der Sammlung schlummern. Diese könnten schon in naher Zukunft mittels *virtual unrolling* geöffnet und gelesen werden. Allein die Wiederentdeckung und Wiederherstellung des Inhalts dieser vom Vesuv konservierten, schon ausgegrabenen, aber noch geschlossenen Rollen hätte wohl eruptive Wirkung über den Bereich der Altertumswissenschaften hinaus. Dass größte Potential für neue Literatur dürfte noch unausgegraben in der Villa zu lokalisieren sein. Es ist im Bereich des Möglichen, dass die lateinische Bibliothek bisher noch nicht gefunden wurde und auch in den anderen Etagen oder Räumen der Villa dei papiri griechische oder lateinische Rollen untergebracht waren. Zwar profitieren moderne Textausgaben in erheblichem Maße von technischen, philologischen und digitalen Innovationen, aber diese können nicht die eigentliche philologische Denk- und Kombinationsarbeit eines Papyrologen bei der Neuedition und Interpretation der Texte ersetzen.

Die Herkulanischen Papyrologen sehen sich gegenwärtig im Lichte neuer Techniken und Methoden Entwicklungen gegenüber, an deren Ende wohl viele neue oder verbesserte antike Texte stehen, welche für die gesamte Altertumswissenschaft und benachbarte Disziplinen von immenser Bedeutung sind. Wir dürfen hoffen – wenn nicht auf eine zweite Renaissance, so doch auf die Wiedergeburt vieler antiker Werke.

Abbildungen

Für die Abbildungen gelten folgende Urheberrechte bzw. Genehmigungen:

Abb. 1: Fabrizio Diozzi. Mit Erlaubnis des ital. Ministero della Cultura. ©Biblioteca Nazionale di Napoli
Abb. 2: Museo Archeologico di Napoli. Nr. 9084. Mit Erlaubnis des MiBACT.
Abb. 3: Gemeinfrei (Angelika Kauffmann um 1785)
Abb. 4: Gemeinfrei (Michael Wutky 1782)
Abb. 5: Gemeinfrei
Abb. 6: Bild und Erlaubnis durch Staatliche Kunstsammlung Dresden.
Abb. 7: Museo Archeologico di Napoli. Nr. keine. Mit Erlaubnis des MiBACT.
Abb. 8: Gemeinfrei (Johann Heinrich Wilheml Tischbein um – 1787 – Goethe in der römischen Campagna)
Abb. 9: Gemeinfrei
Abb. 10: Gemeinfrei
Abb. 11: Gemeinfrei
Abb. 12: Museo Archeologico Virtuale
Abb. 13: Museo Archeologico Virtuale
Abb. 14: Fabrizio Diozzi. Mit Erlaubnis des ital. Ministero della Cultura. ©Biblioteca Nazionale di Napoli
Abb. 15: Gemeinfrei
Abb. 16: Museo Archeologico di Napoli. Nr. 5465. Mit Erlaubnis des MiBACT.
Abb. 17: Museo Archeologico di Napoli. Nr. 4893. Mit Erlaubnis des MiBACT.
Abb. 18: Kilian Fleischer. Mit Erlaubnis des ital. Ministero della Cultura. ©Biblioteca Nazionale di Napoli
Abb. 19: Kilian Fleischer. Mit Erlaubnis des ital. Ministero della Cultura. ©Biblioteca Nazionale di Napoli
Abb. 20: Kilian Fleischer. Mit Erlaubnis des ital. Ministero della Cultura. ©Biblioteca Nazionale di Napoli
Abb. 21: Kilian Fleischer. Mit Erlaubnis des ital. Ministero della Cultura. ©Biblioteca Nazionale di Napoli
Abb. 22: Bodleian Library (University of Oxford) – Ms. Gr. class. C4 730
Abb. 23: Mit Erlaubnis des ital. Ministero della Cultura. ©Biblioteca Nazionale di Napoli/Brigham Young University
Abb. 24: Fabrizio Diozzi. Mit Erlaubnis des ital. Ministero della Cultura. ©Biblioteca Nazionale di Napoli
Abb. 25: Kilian Fleischer. Mit Erlaubnis des ital. Ministero della Cultura. ©Biblioteca Nazionale di Napoli
Abb. 26: Foto: Kenneth Lapatin
Abb. 27: Mit Erlaubnis des ital. Ministero della Cultura-Parco Archeologico di Ercolano. Alle Rechte vorbehalten. Keine Reproduktion.
Abb. 28: Fabriio Diozzi. Mit Erlaubnis des ital. Ministero della Cultura. ©Biblioteca Nazionale di Napoli

Abb. 29: Mit Erlaubnis des ital. Ministero della Cultura. ©Biblioteca Nazionale di Napoli/Brigham Young University
Abb. 30: Kilian Fleischer. Mit Erlaubnis des ital. Ministero della Cultura. ©Biblioteca Nazionale di Napoli
Abb. 31: Kilian Fleischer. Mit Erlaubnis des ital. Ministero della Cultura. ©Biblioteca Nazionale di Napoli
Abb. 32: A. Tournié at al. 2019 – American Association for the Advancement of Science. Alle Rechte vorbehalten.
Abb. 33: A. Tournié at al. 2019 – American Association for the Advancement of Science. Alle Rechte vorbehalten.
Abb. 34: A. Tournié at al. 2019 – American Association for the Advancement of Science. Alle Rechte vorbehalten.
Abb. 35: Mit Erlaubnis des ital. Ministero della Cultura. ©Biblioteca Nazionale ‚Vittorio Emanuele III' di Napoli/Consiglio Nazionale delle Ricerche, Istituto di Scienze del Patrimonio Culturale
Abb. 36: Seth Parker/Center for Visualization and Virtual Environments
Abb. 37: Brent Seales/The University of Kentucky
Abb. 38: Mocella et al. 2015. Nature Publishing Group. Alle Rechte vorbehalten.
Abb. 39: Mocella et al. 2015. Nature Publishing Group. Alle Rechte vorbehalten.
Abb. 40: Bukreeva et al. 2016. Alle Rechte vorbehalten.
Abb. 41: Bukreeva et al. 2016. Alle Rechte vorbehalten.
Abb. 42: Brent Seales/The University of Kentucky
Abb. 43: Brent Seales/The University of Kentucky
Abb. 44: Brent Seales/EduceLab, The University of Kentucky
Abb. 45: Brent Seales/EduceLab, The University of Kentucky
Abb. 46: Graphik: Kilian Fleischer
Abb. 47: Graphik: Kilian Fleischer
Abb. 48: Graphik: Holger Essler 2008. Alle Rechte vorbehalten.
Abb. 49: Graphik: Holger Essler 2008. Alle Rechte vorbehalten.
Abb. 50: Foto: Kilian Fleischer
Abb. 51: Screenshot – mit freundlicher Genehmigung durch Holger Essler.
Abb. 52: Screenshot– mit freundlicher Genehmigung durch Graziano Ranocchia.
Abb. 53: Mit Erlaubnis des ital. Ministero della Cultura. ©Biblioteca Nazionale ‚Vittorio Emanuele III' di Napoli/Consiglio Nazionale delle Ricerche, Istituto di Scienze del Patrimonio Culturale
Abb. 54: Mit Erlaubnis des ital. Ministero della Cultura. ©Biblioteca Nazionale ‚Vittorio Emanuele III' di Napoli/Consiglio Nazionale delle Ricerche, Istituto di Scienze del Patrimonio Culturale
Abb. 55: Museo Archeologico di Napoli. Nr. 124545. Mit Erlaubnis des MiBACT.
Abb. 56: Gemeinfrei
Abb. 57: Mit Erlaubnis des ital. Ministero della Cultura. ©Biblioteca Nazionale di Napoli/Brigham Young University
Abb. 58: Mit Erlaubnis des ital. Ministero della Cultura. ©Biblioteca Nazionale ‚Vittorio Emanuele III' di Napoli/Consiglio Nazionale delle Ricerche, Istituto di Scienze del Patrimonio Culturale

Abb. 59: Mit Erlaubnis des ital. Ministero della Cultura. ©Biblioteca Nazionale ‚Vittorio Emanuele III' di Napoli/Consiglio Nazionale delle Ricerche, Istituto di Scienze del Patrimonio Culturale
Abb. 60: Mit Erlaubnis des ital. Ministero della Cultura. ©Biblioteca Nazionale ‚Vittorio Emanuele III' di Napoli/Consiglio Nazionale delle Ricerche, Istituto di Scienze del Patrimonio Culturale
Abb. 61: Bodleian Library (University of Oxford) – Ms. Gr. class. C4 735
Abb. 62: Mit Erlaubnis des ital. Ministero della Cultura. ©Biblioteca Nazionale di Napoli
Abb. 63: Fotomontage: Kilian Fleischer (Rollenbilder: Steve Bailey/The University of Kentucky)

Bibliographie

Abkürzungen

Für die altertumswissenschaftlichen Reihen und Zeitschriftentitel wurden die Abkürzungen der *Année philologique* verwendet (naturwissenschaftliche Titel wurden ausgeschrieben).

Quellen

Alessandrelli, Michelle und Ranocchia, Graziano, *Scrittore stoico anonimo, Opera incerta (PHerc. 1020), coll. 104–112. Edizione, introduzione e commento*, Rom, 2017.
Angeli, Anna, *Filodemo. Agli amici di scuola*, Neapel, 1988.
Armstrong, David und McOsker, Michael, *Philodemus. On Anger*, Atlanta, 2020.
Arrighetti, Graziano, *Epicuro. Opere*, Turin, 1973².
Bailey, Cyril, *Lucreti De rerum natura*, OCT, Oxford, 1921.
Bücheler, Franz, *Academicorum philosophorum index Herculanensis*, Greifswald, 1869.
Capasso, Mario, *Carneisco, Il secondo libro del ‚Filista'*, Neapel, 1988.
Cary, Earnest und Foster, Herbert (Hg.), *Dio Cassius. Roman History* (vol. 8): *Books 61–70*, Cambridge-MA, 1925.
De Falco, Vittorio, *L'epicureo Demetrio Lacone*, Neapel, 1923.
De Lacy, Philip und De Lacy, Estelle, *Philodemus, On Methods of Inference*, Neapel, 1978.
Delattre, Daniel, *Philodeme de Gadara, Sur La Musique Livre IV* (2 Bände), Paris, 2007.
Diels, Hermann, *Philodemos Über die Götter, Erstes Buch*, Berlin, 1916.
Dorandi, Tiziano, *Filodemo, Storia Dei Filosofi: La Stoà da Zenone a Panezio (PHerc. 1018)*, Leiden, 1994.
Dorandi, Tiziano, *Filodemo, Il buon re secondo Omero*, Neapel, 1982.
Dorandi, Tiziano, *Filodemo, La storia dei filosofi Platone e l'Accademia*, Neapel, 1991.
Fleischer, Kilian, *The Original Verses of Apollodorus' Chronica*, Berlin, 2020.
Gaiser, Konrad, *Philodems Academica*, Stuttgart-Bad Cannstatt, 1988.
Garrod, Heathcote, *Q. Horati Flacci. Opera*, OCT, Oxford, 1912.
Grilli, Alberto, *Hortensius*, Mailand, 1962
Henry, Benjamin, *Philodemus. On Death*, Atlanta, 2009.
Indelli, Giovanni, *Polistrato, Sul disprezzo irrazionale delle opinioni popolari*, Neapel, 1978
Indelli, Giovanni, *Filodemo, L'ira*, Neapel, 1988.
Isnardi Parente, Margherita, *Speusippo. Frammenti*, Neapel, 1980.
Janko, Richard, *Philodemus. On Poems* (3 Bände), Oxford, 2001–2010–2020.
Janko, Richard, *Philodemus. On Poems, Book 2. With the fragments of Heracleodorus and Pausimachus*, Oxford, 2020.
Jensen, Christian, *Philodemi περὶ οἰκονομίας qui dicitur libellus*, Leipzig 1907.
Jensen, Christian, *Philodemi περὶ κακιῶν liber decimus*, Leipzig, 1911.
Leone, Giuliana, *Epicuro, Sulla natura, Libro II. Edizione, traduzione e commento*, Neapel, 2012.
Longo Auricchio, Francesca, *Ermarco, Frammenti*, Neapel, 1988.

Longo Auricchio, Francesca, *Philodemi rhetorica liber primus et secundus*, in *Ricerche sui papiri Ercolanesi*, hg. von Francesco Sbordone, Neapel, 1977.
Mangoni, Cecilia, *Filodemo, Il Quinto libro della poetica*, Neapel, 1993.
Mekler, Siegfried, *Academicorum philosophorum index Herculanensis*, Berlin, 1902.
Mette, Hans Joachim und Schlechta, Karl (Hg.), *Friedrich Nietzsche, Werke und Briefe (Band 4: Schriften der Studenten-und Militärzeit 1866–1868)*, München, 1937.
Militello, Cesira, *Filodemo, Memorie epicure*, Neapel, 1997.
Mynors, Roger, *C. Plini Caecili Secundi epistularum libri decem*, OCT, Oxford, 1963.
Neubecker, Annemarie, *Philodemus, Über die Musik IV. Buch*, Neapel, 1986.
Nicolardi, Federica, *Filodemo. Il primo libro della Retorica*, Neapel, 2018.
Nisbet, Robin, *M. Tulli Ciceronis in L. Calpurnium Pisonem oratio*. Edited with Text, Introduction, and Commentary, Oxford, 1961.
Obbink, Dirk, *Philodemus on Piety: Critical Text with Commentary*, Part 1, Oxford, 1996.
Olivieri, Alessandro, *Philodemi περὶ παρρησίας libellus*, Leipzig, 1914.
Puglia, Enzo, *Demetrio Lacone, Aporie testuali ed esegetiche in Epicuro*, Neapel, 1988.
Ranocchia, Graziano, *Aristone ‚Sul modo di liberare dalla superbia' nel decimo libro ‚De vitiis' di Filodemo*, Florenz, 2007.
Reynolds, Leighton, *M. Tulli Ciceronis De finibus bonorum et malorum*, Oxford, 1998.
Romeo, Constantina, *Demetrio Lacone, La poesia*, Neapel, 1988.
Santoro, Mariacarolina, *Demetrio Lacone, La forma del dio*, Neapel, 2000.
Sider, David, *The Epigrams of Philodemos*, Oxford, 1997.
Smith, Martin, *Diogenes of Oinoanda: The Epicurean inscription*, Neapel, 1993.
Smith, Martin, *Diogenes of Oinoanda: The Epicurean inscription* – supplement, Neapel, 2003
Straume-Zimmermann, Laila, Broemser, Ferdinand und Gigon, Olof, *Marcus Tullius Cicero: Hortensius, Lucullus, Academici libri*, Düsseldorf, 1997.
Sudhaus, Siegfried, *Philodemi Volumina rhetorica I*, Leipzig, 1892.
Sudhaus, Siegfried, *Philodemi Volumina rhetorica – supplementum*, Leipzig, 1895.
Sudhaus, Siegfried, *Philodemi Volumina rhetorica II*, Leipzig, 1896.
Tepedino Guerra, Adele, *Polieno, Frammenti*, Neapel, 1991.
Usener, Hermann, *Epicurea*, Leipzig, 1887.
Vogliano, Achille, *Epicuri et Epicureorum scripta in Herculanensibus papyris servata*, Berlin, 1928.
Wilke, Karl, *Polystrati Epicurei Περὶ ἀλόγου καταφρονήσεως libellus*, Leipzig, 1905.
Wilke, Karl, *Philodemi De Ira*, Leipzig, 1914.

Sekundärliteratur

(Academia Oxoniensis), *Herculanensia volumina* (2 Bände), Oxford, 1824/1825.
Acosta Méndez, Eduardo und Angeli, Anna, *Filodemo, Testimonianze su Socrate*, Neapel, 1992.
Angeli, Anna, „Lo svolgimento dei papiri carbonizzati," *PapLup* 3 (1994): 37–104.
Antoni, Agathe/ Booras, Steven/ Del Mastro, Gianluca/ Macfarlane, Roger, „Update Report on the Use of the Multi-spectral images of the Herculaneum papyri," in *Proceedings of the XXIV International Congress of Papyrology, Helsinki 1–7 August 2004* (Band 2), hg. von Jaako Frösén, Tina Purola und Erja Salmenkivi, 579–586, Helsinki, 2007.
Armstrong, David/ Fish, Jeffrey/ Jonston, Patricia/ Skinner, Marilyn (Hgg.), *Vergil, Philodemus, and the Augustans*, Austin, 2004.

Ast, Rodney und Essler, Holger, „Anagnosis, Herculaneum, and the Digital Corpus of Literary Papyri," in *Digital Papyrology II*, hg. von Nicola Reggiani, 63–73, Berlin, 2018.

Basile, Corrado, I papiri carbonizzati di Ercolano. La temperatura dei materiali vulcanici e le tecniche di manifattura dei rotoli, Syrakus, 2015.

Bassi, Domenico, „P. Antonio Piaggio e i primi tentativi per lo svolgimento dei papiri ercolanesi (da documenti inediti)," *Arch. Stor. Prov. Nap.* 32 (1907): 637–690.

Bay, Stephen/ Bearman, Gregory/ Macfarlane, Roger/ Wayment, Thomas, „Multi-Spectral Imaging vs. Monospectral Infrared Imaging," *ZPE* 173 (2010): 211–221.

Bay, Stephen/ Bearman, Gregory/ Macfarlane, Roger/ Wayment, Thomas, „Exploring the Limitations and Advantages of Multi-Spectral Imaging in Papyrology: Darkened, Carbonized, and Palimpsest Papyri," in *EIKONOPOIIA: Digital Imaging of Ancient Textual Heritage, Proceedings of the International Conference, Helsinki, 28 – 29 November, 2010*, hg. von Vesa Vahtikari, Mika Hakkarainen und Antti Nurminen, Helsinki, 2011, 107–121.

Beck, Jan, „petis, ut tibi ... scribam ... (Plinius epist. 6,16 und 20)," *Göttinger Forum für Altertumswissenschaft* 16 (2013): 1–28.

Blank, David, „Reflections on Re-reading Piaggio and the Early History of the Herculaneum Papyri," *CErc* 29 (1999): 55–82.

Blank, David, „The Life of Antiochus of Ascalon in Philodemus' History of the Academy and a Tale of Two Letters," *ZPE* 162 (2007): 87–93.

Blank, David, „Philodemus," in *Stanford Encyclopedia of Philosophy*, hg. von Edward Zalta; online, 2019.

Blank, David und Longo Auricchio, Francesca, „Inventari antichi dei. Papiri Ercolanesi," *CErc* 34 (2004): 39–152.

Bonnerot, Olivier/ Del Mastro, Gianluca/ Hammerstaedt, Jürgen/ Mocella, Vito/ Rabin, Ira, „XRF ink analysis of some Herculaneum papyri," *ZPE* 216 (2020): 50–52.

Booras, Steven und Seely, David, „Multispectral Imaging of the Herculaneum Papyri," *CErc* 29 (1999): 95–100.

Bowman, Alan/ Coles, Revil/ Gonis, Nikolaos/ Obbink, Dirk/ Parsons, Peter (Hgg.), *Oxyrhynchus. A City and its Texts*, London, 2007.

Brun, Emmanuel/ Cotte, Marine/ Wright, Jonathan/ Ruat, Maria/ Tack, Pieter/ Vincze, Laszlo/ Ferrero, Claudio/ Delattre, Daniel/ Mocella, Vito, „Revealing Metallic Ink in Herculaneum Papyri," *Proceedings of the National Academy of Sciences* 14.113 (2016): 3751–3754.

Bukreeva, Inna/ Mittone, Alberto/ Bravin, Alberto/ Festa, Giulia/ Alessandrelli, Michele/ Coan, Paola/ Formoso, Vincenzo/ Agostino, Raffaele/ Giocondo, Michele/ Ciuchi, Federica/ Fratini, Michela/ Massimi, Lorenzo/ Lamarra, Antonio/ Andreani, Carla/ Bartolino, Roberto/ Gigli, Giuseppe/ Ranocchia, Graziano/ Cedola, Alessia, „Virtual unrolling and deciphering of Herculaneum papyri by X-ray phase-contrast tomography", *Scientific Reports* Vol. 6, 27227, 2016.

Bukreeva, Inna/ Ranocchia, Graziano/ Formoso, Vincenzo/ Alessandrelli, Michele/ Fratini, Michela/ Massimi, Lorenzo/ Cedola, Alessia, „Investigation of Herculaneum Papyri by X-Ray-Phase-Contrast Tomography," in *Nanotechnologies and Nanomaterials for Diagnostic, Conservation and Restoration of Cultural Heritage*, hg. von Giuseppe Lazzara und Rawil Fakhrullin, 299–323, Cambridge, 2019.

Bülow-Jacobsen, Adam, „Writing Materials in the Ancient World," in *The Oxford Handbook of Papyrology*, hg. von Roger Bagnall, 3–29, Oxford, 2009.

Camardo, Domenico, „Recent Excavations in the Villa dei Papiri: 1990s–2008," in *Buried by Vesuvius. The Villa dei Papiri at Herculaneum*, hg. von Kenneth Lapatin, 105–113, Los Angeles, 2019.
Capasso, Mario, „Primo Supplemento *al* Catalogo dei Papiri Ercolanesi," *CErc* 19 (1989): 193–264.
Capasso, Mario, *Manuale di Papirologia Ercolanese*, Galatina, 1991.
Capasso, Mario, *Volumen. Aspetti della tipologia del rotolo librario antico*, Neapel, 1995.
Capasso, Mario, „Per la storia della papirologia ercolanese. II.," *Symbolae Osloenses* 71 (1996): 147–155.
Capasso, Mario, „Who Lived in the Villa of the Papyri at Herculaneum – A Settled Question?," in *The Villa of the Papyri at Herculaneum*, hg. von Mantha Zarmakoupi, 89–114, Berlin, 2010.
Capasso, Mario, *Les papyrus latins d' Herculanum. Découverte, consistence, contenu*, Liege, 2011.
Capasso, Mario, „Carlo di Borbone e la papirologia ercolanese," in *Ianua Classicorum: temas y formas del mundo clásico* Bd. 3, hg. von Jesús de la Villa Polo/ Patricia Cañizares Ferriz/ Emma Falque Rey/ José Francisco González Castro/ Jaime Siles, 35–41, Madrid, 2016.
Capasso, Mario, „La biblioteca di Ercolano: cronologia, formazione, diffusione," *PapLup* 26 (2017): 41–68.
Capasso, Mario, „Custodia e lettura dei testi nella villa ercolanese dei papiri: alcune considerazioni," *CErc* 50 (2020): 7–14.
Capasso, Luigi/ Di Fabrizio, Antonietta/ Michetti, Elisabetta/ D'Anastasio, Ruggero, „Die Flüchtlinge am Strand. Die Untersuchungen der Skelette aus den Bootshäusern," in *Verschüttet vom Vesuv. Die letzten Stunden von Herculaneum*, hg. von Josef Mühlenbrock und Dieter Richter, 45–55, Mainz, 2006.
Carrelli, Sergio, „Un nuovo punto di vista sulla consistenza della collezione dei papiri ercolanesi," *CErc* 15 (2016): 127–136.
Cavallo, Guglielmo, *Libri scritture scribe a Ercolano* (Suppl. CErc 13), Neapel, 1982.
Cavallo, Guglielmo, „I papiri di Ercolano come documenti per la storia delle biblioteche e dei libri antichi," *Atti dell Accademia nazionale dei Lincei, serie IX, XXXV, 3, Rom* (2015): 573–598.
Cerasuolo, Salvatore, *Due protagonisti e un comprimario dell' antichistica italiana del secolo XIX. I carteggi Comparetti-Fiorelli-Barnabei*, Messina, 2003.
Comparetti, Domenico und De Petra, Giulio, *La Villa ercolanese dei Pisoni: I suoi monumenti e la sua biblioteca*, Neapel, 1883.
Crönert, Wilhelm, „Die Überlieferung des Index Academicorum," *Hermes* 38 (1903): 357–405.
Crönert, Wilhelm, *Memoria Graeca Herculanensis*, Leipzig, 1903.
Crönert, Wilhelm, *Kolotes und Menedemos*, Leipzig, 1906.
D'Angelo, Marzia, „Verso un software per la ricostruzione dei papiri ercolanesi con stratigrafia complessa," *CErc* 50 (2020): 161–162.
Damiani, Vincenzo, „Anagnosis. Automatisierte Buchstabenverknüpfung von Transkript und Papyrusabbildung," in *Altertumswissenschaften in a Digital Age: Egyptology, Papyrology and beyond; proceedings of a conference and workshop in Leipzig, November 4–6, 2015*, hg. von Monica Berti und Franziska Naether, Leipzig, 2016.
Damiani, Vincenzo, „Ink in Herculaneum: A Survey of Recent Perspectives," in *Traces of Ink*, hg. von Lucia Raggetti, 57–69, Leiden, 2021.
David, Felicien, *Herculaneum. Collection: Opéra francais*, San Lorenzo de El Escorial, 2015.

Davy, Humphrey, „Some Observations and Experiments on the Papyri Found in the Ruins of Herculaneum," *Philosophical Transactions of the Royal Society of London* 111 (1821): 191–208.
De Simone, Antonio, „Rediscovering the Villa of the Papyri," in *The Villa of the Papyri at Herculaneum*, hg. von Mantha Zarmakoupi, 1–20, Berlin, 2010.
Del Mastro, Gianluca, „Secondo Supplemento *al* Catalogo dei Papiri Ercolanesi," *CErc* 30 (2000): 157–241.
Del Mastro, Gianluca, „Altri frammenti dal PHerc. 1691: Filodemo, Historia Academicorum e Di III," *CErc* 42 (2012): 277–292.
Del Mastro, Gianluca, *Titoli e annotazioni bibliologiche nei papiri greci di Ercolano*, Neapel, 2014.
Del Mastro, Gianluca, „Frustula Herculanensia III," *CErc* 48 (2018): 161–169.
Del Mastro, Gianluca, Delattre, Daniel und Mocella, Vito, „Una nuova tecnologia per la lettura non invasive dei papiri ercolanesi," *CErc* 45 (2015): 227–230.
Delattre, Daniel, *La villa des papyrus et les rouleaux d'Herculanum, la bibliothèque de Philodème*, Liège, 2006.
Delattre, Daniel/ Delattre-Biencourt, Joelle/ Monet, Annick/ Antoni, Agathe, „La reconstruction du PHerc. Paris.2, [Philodème, La calomnie] Quelques nouveautés textuelles," in *Proceedings of the 27th International Congress of Papyrology 2013 (Warsaw)*, hg. von Thomasz Derda, Adam Lajtar und Jakub Urbanik, 471–489, Warschau, 2016.
Dillon, John, *The Heirs of Plato: A Study of the Old Academy (347–274 BC)*, Oxford, 2003.
Dorandi, Tiziano, „Gli arconti nei papiri ercolanesi," *ZPE* 84 (1990): 121–138.
Dorandi, Tiziano „Den Autoren über die Schulter geschaut," *ZPE* 87 (1991): 11–33.
Dorandi, Tiziano „Theodor Gomperz (1832–1912)," in *Hermae. Scholars and Scholarship in Papyrology (I)*, hg. von Mario Capasso, 29–43, Pisa, 2007.
Dorandi, Tiziano, *Nell' officina dei classici. Come lavoravano gli autori antichi*, Rom, 2007.
Döring, Klaus, „Platons Garten, sein Haus, das Museion und die Stätten der Lehrtätigkeit Platons," in *Anthropine sophia*, hg. von Francesca Alesse/ Francesco Aronadio/ Maria Dalfino/ Luca Simeoni/ Emidio Spinelli, 257–273, Neapel, 2008.
Erler, Michael, „Epikur – Die Schule Epikurs – Lukrez" in *Grundriss der Geschichte der Philosophie. Die Philosophie der Antike, 4. Die hellenistische Philosophie*, begründet von Friedrich Ueberweg, völlig neu bearbeitete Ausgabe, hg. von Hellmut Flashar, Basel, 1994.
Essler, Holger, „Rekonstruktion von Papyrusrollen auf mathematischer Grundlage," *CErc* 38 (2008): 273–307.
Essler, Holger, „Falsche Götter bei Philodem (Di III Kol. 8, 5 – Kol. 10, 6)," *CErc* 39 (2009): 161–205.
Essler, Holger, „ΧΩΡΙΖΕΙΝ ΑΧΩΡΙΣΤΑ. Über die Anfänge getrennter Aufbewahrung der Herkulanischen Papyri," *CErc* 40 (2010): 173–189.
Essler, Holger, „Copy-paste in der Antike," *ZPE* 212 (2019): 1–24.
Essler, Holger und Rufilanchas, Daniel Riano, „'Aristarchus X' and Philodemus: Digital Linguistic Analysis of a Herculanean Text Corpus," in *Proceedings of the 27th International Congress of Papyrology 2013 (Warsaw)*, hg. von Thomasz Derda, Adam Lajtar und Jakub Urbanik, 491–501, Warschau, 2016.
Fackelmann, Anton, „The restoration of the Herculaneum papyri and other recent finds," *Bulletin of the Institute of Classical Studies* 17 (1970): 144–147.

Fleischer, Kilian, *Dionysios von Alexandria – De natura (περὶ φύσεως) – Übersetzung, Kommentar und Würdigung – Mit einer Einleitung zur Geschichte des Epikureismus in Alexandria*, Turnhout, 2016.

Fleischer, Kilian, „Report about the 28th International Congress of Papyrology (Barcelona, 2016) – Herculanean Papyri and Non-Invasive Unrolling Techniques," *LPh 5* (2017): 221–226.

Fleischer, Kilian, „Herculaneum papyri and digital unrolling at the Papyrology Congress in Barcelona (2016)," *Newsletter of the Herculaneum Society 21* (2017): 4–5.

Fleischer, Kilian, „Die Lokalisierung der Verso-Kolumnen von PHerc. 1021," *ZPE* 204 (2017): 27–39.

Fleischer, Kilian, „New Evidence on the Death of Philo of Larissa (PHerc. 1021, col. 33,42 – 34,7)," *CCJ* 63 (2017): 69–81.

Fleischer, Kilian, „Starb Philo von Larisa im Alter von 63 Jahren?," *APF* 63/2 (2017): 335–366.

Fleischer, Kilian, „Dating Philodemus' birth and early studies," *BASP 55* (2018): 119–127.

Fleischer, Kilian, „Eine neue Hypereidesrede aus Herkulaneum: Gegen die Gesandten des Antipatros (PHerc. 1021 Kol. 11+12)," *ZPE* 207 (2018): 21–38.

Fleischer, Kilian, „The Complete Title of a Work of Hermippus (FGrHist 1026 39,40)," *ZPE* 206 (2018): 40–46.

Fleischer, Kilian, „Carneades – The one and only," *JHS* 139 (2019): 116–124.

Fleischer, Kilian, „Die ältesten Papyri Herkulaneums: PHerc. 1788 und andere Metrodorpapyri," *CErc* 49 (2019): 17–29.

Fleischer, Kilian, „Eine Verfeinerung von Speusipps einzigem Epigramm – Geschenke von und für Musen," *Hermes* 147 (2019): 366–371.

Fleischer, Kilian, „Epikur, Philodem, ΠΡΑΓΜΑΤΕΙΑΙ: Ein neuer Akzent in Titel und Bewertung von PHerc. 1418+310," *ZPE* 210 (2019): 54–70.

Fleischer, Kilian, „Hyperspectral imaging – a new technique for reading unrolled Herculanean papyri," *Newsletter of the Herculaneum Society* 24 (2019): 3–5.

Fleischer, Kilian, „Philolaus' book(s) in Philodemus' Index Academicorum," in *Presocratics and Papyrological Tradition. A Reappraisal of the Sources. Proceedings of the International Workshop held at the University of Trier (22–24 September 2016)*, hg. von Christian Vassallo, 147–159, Berlin, 2019.

Fleischer, Kilian, „Structuring the History of Philosophy – A Comparison between Philodemus and Diogenes Laertius in the Light of New Evidence," *CQ* 69 (2019): 684–699.

Fleischer, Kilian, „Zenone di Sidone nacque intorno al 160 a.C.," *RFIC* 147 (2019): 43–50.

Fleischer, Kilian, „Drawings of Herculaneum papyri in Windsor Castle: The King's Book," *Newsletter of the Herculaneum Society* 25 (2020): 8–10.

Fleischer, Kilian, „Ein neuer Krieg in Klassischer Zeit – Der Hyperasische Krieg, Pellene und Chairon (bei Dikaiarch/Hermippus/Philodem)," *ZPE* 215 (2020): 6–19.

Fleischer, Kilian, „New Evidence on Carneades: Reasons for His Avoidance of Writing and an Epistemological Pun," *OSAP* 59 (2020), 265–297.

Fosse, Brrynjulf, Kleve, Knut und Störmer, Frederik, „Unrolling the Herculaneum Papyri," *CErc* 14 (1984): 9–15.

Gigante, Marcello, „Premessa," *CErc* 1 (1971): 5.

Gigante, Marcello, „Per l'unità della scienza papirologica," in *Atti del XVII Congresso Internazionale di Papirologia* (Band 1), hg. von Marcello Gigante, 5–28, Neapel, 1984.

Gigante, Marcello, *La Germania e i papiri ercolanesi*, Heidelberg, 1988.

Gigante, Marcello, *Catalogo dei papiri ercolanesi*, Neapel, 1991.

Gigante, Marcello, *Philodemus in Italy: The Books from Herculaneum*, übersetzt von Dirk Obbink und Ann Arbor, 1995.
Gomperz, Theodor, „Die Akademie und ihr vermeintlicher Philmacedonismus. Bemerkungen zu Bernay's Phokion," *WS* 4 (1882): 102–120.
Guerrieri, Guerriera, *L'Officina dei Papiri Ercolanesi dal 1752 al 1952, I Papiri Ercolanesi I*, Neapel, 1954.
Guidobaldi, Maria, „Schatzgräber und Archäologen. Die Geschichte der Ausgrabungen von Herculaneum," in *Verschüttet vom Vesuv. Die letzten Stunden von Herculaneum*, hg. von Josef Mühlenbrock und Dieter Richter, 17–26, Mainz, 2006.
Guidobaldi, Maria und Esposito, Domenico, „New Archaeological Research at the Villa of the Papyri in Herculaneum," in *The Villa of the Papyri at Herculaneum*, hg. von Mantha Zarmakoupi, 21–62, Berlin, 2010.
Hammerstaedt, Jürgen und Smith, Martin, The Epicurean Inscription of Diogenes of Oinoanda. New discoveries and research, Bonn, 2014.
Harding, Peter, The Story of Athens. The Fragments of the Local Chronicles of Attika, London, 2008.
Hausmann, Manfred, *Das Erwachen*, Berlin, 1949.
Hayter, John, A report upon the Herculaneum manuscripts, in a second letter addressed, by permission, to His Royal Highness the Prince Regent, London, 1811.
Hoffmann, Hannes, „Die Hoffnung auf das Unlesbare," *Spektrum*, 23.11.2019.
Indelli, Giovanni und Tsouna-McKirahan, Voula, *Philodemus, On Choices and Avoidances*, Neapel, 1995.
Isnardi Parente, Margherita, „Speusippe de Myrrhinonte," in *DPhA 6*, hg. von Richard Goulet, 528–539, Paris 2016.
Jacoby, Felix, *Apollodors Chronik*, Berlin, 1902.
Jacoby, Felix, *Atthis: the local chronicles of ancient Athens*, Oxford, 1949.
Janko, Richard, „How to Read and Reconstruct a Herculaneum Papyrus," in *Ars Edendi Lecture Series*, vol. IV, hg. von Barbara Crostini, Gunilla Iversen und Brian Jensen, 117–161, Toronto, 2016.
Johnson, Dora, „The manuscripts of Pliny's Letters," *CP* 7 (1912): 66–75.
Jones, Nicholas, „Philochorus," *Brill's New Jacoby*, online, 2016.
Keenan, James, „The History of the Discipline," in *The Oxford Handbook of Papyrology*, hg. von Roger Bagnall, 59–78, Oxford, 2009.
Kleve, Knut, „Lucretius in Herculaneum," *CErc* 19 (1989): 5–27.
Kleve, Knut, „Ennius in Herculaneum," *CErc* 20 (1990): 5–16.
Kleve, Knut, Ore, Espen und Jensen, Ragnar, „Letteralogia: computer e fotografia," *CErc* 17 (1987): 141–150.
Kleve, Knut und Del Mastro, Gianluca, „Il PHerc. 1533: Zenone Sidonio A Cratero," *CErc* 30 (2000): 149–156.
Knight, Carlo, „Le lettere di Camillo Paderni alla Royal Society di Londra sulle scoperte di Ercolano (1739–1758)," *Rendiconti dell' Accademia di Archeologia Lettere e Belle Arti di Napoli* 66 (1997): 13–58.
Knöll, Pius, *Sancti Aureli Augustini Confessionum libri tredecim*, CSEL 33, Prag/Wien/Leipzig, 1896.
Lapatin, Kenneth (Hg.), *Buried by Vesuvius. The Villa dei Papiri at Herculaneum*, Los Angeles, 2019.

Lefèvre, Eckard, „Plinius-Studien VI. Der große und der kleine Plinius. Die Vesuv-Briefe (6,16; 6,20)," *Gymnasium* 103 (1996): 93–215.

Leone, Giuliana, „Maria Amalia di Sassonia e i papiri ercolanesi," *CErc* 49 (2019): 163–172.

Longo Auricchio, Francesca, „John Hayter nella Officina dei Papiri Ercolanesi," in *Contributi alla storia della officina dei Papiri Ercolanesi*, hg. von Marcello Gigante, 159–215, Neapel, 1980.

Longo Auricchio, Francesca, „L'esperienza napoletana di Davy," in *Proceedings of the 19th International Congress of Papyrology*, hg. von Abd El-Mosalamy, 189–202, Cairo, 1992.

Longo Auricchio, Francesca, „Qualche considerazione sulla biografia di Filodemo," *CErc* 49 (2019): 31–38.

Longo Auricchio, Francesca/ Indelli, Giovanni/ Leone, Giuliana/ Del Mastro, Gianluca (Hgg.), *La Villa dei Papiri*, Rom, 2020.

Lygouri-Toli, Eutychia, „The Gymnasium of the Academy and the School of Plato," in *Platos' Academy. Its Workings and its History*, hg. von Paul Kalligas/ Chloe Balla/ Effie Baziotopoulou-Valavani/ Vassilis Karasmanis, 46–64, Cambridge, 2020.

Mahnke, Heinz/ Arlt, Tobias/ Baum, Daniel/ Hege, Hans/ Herter, Felix/ Lindow, Nobert/ Manke Ingo/ Siopi, Tzulia/ Menei, Eve/ Etienne, Marc/ Lepper, Verena, „Virtual Unfolding of Folder Papyri," *Journal of Cultural Heritage* 41 (Jan/Feb 2020): 264–269.

Maresca, Sofia, „Early Attempts to Open and Read the Papyri: 1750s–1990s," in *Buried by Vesuvius. The Villa dei Papiri at Herculaneum*, hg. von Kenneth Lapatin, 28–36, Los Angeles, 2019.

Meier, Albert, *Johann Caspar Goethe, Reise durch Italien im Jahre 1740* (Übersetzung und Kommentar), München, 1982.

Merkelbach, Reinhold, „Lex Youtie," *ZPE* 38 (1980): 294.

Mocella, Vito/ Brun, Emmanuel/ Ferrero, Claudio/ Delattre, Daniel, „Revealing letters in rolled Herculaneum papyri by X-ray phase-contrast imaging," *Nature Communications* 6, 5895, 2015.

Mommsen, Theodor, „Inschriftbüsten," *Archäolog. Zeitung* 38 (1880): 32–36.

Moormann, Eric, „Félicien David's Image of Herculaneum," *CErc* 50 (2020): 273–284.

Nardelli, Maria, „Ripristino topografico di sovrapposti e sottoposti in alcuni papiri ercolanesi," *CErc* 3 (1973): 104–115.

Pappalardo, Umberto „Sulla data dell'eruzione del Vesuvio del 79 d.C. Una sintesi," CErc 49 (2019): 225–228.

Parker, Clifford/ Parsons, Stephen/ Bandy, Jack/ Chapman, Christy/ Coppens, Frederik/ Seales, Brent, „From invisibility to readability: Recovering the ink of Herculaneum," *PLoS ONE* 14, 5, 2019.

Piano, Valeria, „Il P. Herc. 1067 latino: il rotolo, il testo, l'autore," *CErc* 47 (2017): 163–250.

Piquette, Kathryn, „Illuminating the Herculaneum Papyri: Testing new imaging techniques on unrolled carbonised manuscript fragments," *Digital Classics Online* 3,2 (2017): 80–102.

Puglia, Enzo, „L'Officina dei papiri ercolanesi dai Borboni allo Stato unitario," in *Contributi alla storia della Officina dei papiri ercolanesi*, hg. von Marcello Gigante, 99–130, Rom, 1986.

Puglia, Enzo, „Le biografie di Filone e di Antioco nella Storia dell'Academia di Filodemo," *ZPE* 130 (2000): 17–28.

Puglia, Enzo, „Perché Filodemo non fu ad Alessandria?," *SEP* 1 (2004): 133–138.

Puglia, Enzo, „Le cosiddette Pragmateiai di Filodemo, ovvero dell' immeritata fortuna di un titolo," in *è sì d' amici pieno. Ommagio di studiosi italiani a Guido Bastianini per il suo settantesimo compleanno*, hg. von Angelo Casanova, Gabriella Messeri und Rosario Pintaudi, 309–315, Florenz, 2016.

Ranocchia, Graziano, *Testi stoici ed epicurei della collezione ercolanese*, Rom, 2016.

Ranocchia, Graziano, „Un nuovo titolo iniziale nella collezione ercolanese e un nuovo libro (del trattato) sul Sole di Demetrio Lacone (P.Herc. 177)," *Aegyptus* 98 (2018): 3–36.

Rauchhaupt, Ulf von, „Verkohlte Wörter,", *Frankfurter Allgemeine Sonntagszeitung* (7.2.2021): 54–55.

Reggiani, Nicola, *Digital Papyrology I*, Berlin, 2017.

Reynolds, Leighton und Wilson, Nigel, *Scribes and scholars*, Oxford, 2013⁴.

Richter, Dieter, „Der ‚Brennende Berg'. Kulturgeschichte des Vesuvs," in *Verschüttet vom Vesuv. Die letzten Stunden von Herculaneum*, hg. von Josef Mühlenbrock und Dieter Richter, 223–238, Mainz, 2006.

Richter, Dieter, „Herculaneum im Norden. Die Ausgrabungen als europäisches Ereignis," in *Verschüttet vom Vesuv. Die letzten Stunden von Herculaneum*, hg. von Josef Mühlenbrock und Dieter Richter, 183–196, Mainz, 2006.

Rosini, Carlo Maria, *Dissertationis isagogicae ad Herculanensium voluminum explanationem pars prima*, Neapel, 1797.

Sage, Michael, „Tacitus' Historical Works: A Survey and Appraisal," ANRW 33,2 (1990): 851–1030.

Scappaticcio, Maria (Hg.), *Seneca the Elder and his Rediscovered „Historiae ab initio bellorum civilium,"* Berlin, 2020.

Schober, Adolf, „Philodemi De pietate pars prior," *CErc* 18 (1988): 67–125.

Seales, Brent, „Visualizing PHerc. 118," *Thinking 3D* (2019) – T3D2019_INA.

Seales, Brent und Brown, Michael, „The digital atheneum: new approaches for preserving, restoring and analyzing damaged manuscripts," *ACM/IEEE Joint Conference on Digital Libraries, JCDL 2001, Roanoke, Virginia, USA, June 24–28, 2001, Proceedings*, 2001.

Seales, Brent und Delattre, Daniel, „Virtual unrolling of carbonized Herculaneum scrolls: Research Status (2007–2012)," *CErc* 43 (2013): 191–208.

Seales, Brent/ Parker, Clifford/ Segal, Michael/ Tov, Emanuel/ Shor, Pnina/ Porath, Yosef, „From damage to discovery via virtual unwrapping: Reading the scroll from En-Gedi," *Science Advances* Vol. 2, no. 9, 2016.

Seales, Brent und Lin, Yun, „Opaque document imaging: building images of inaccessible texts," in *November 2005, Proceedings / IEEE International Conference on Computer Vision 1*, Vol. 1: 662–669.

Sedley, David, „Philodemus and the decentralisation of philosophy," *CErc* 33 (2003): 31–41.

Sickler, Friedrich, *Die Herkulanensischen Handschriften in England und meine Versuche zu ihrer Entwicklung*, Leipzig, 1819.

Sider, David, *The Library of the Villa dei Papiri at Herculaneum*, Oxford, 2005.

Sigurdsson, Haraldur und Carey, Stephen, „The eruption of Vesuvius in A. D. 79," in *A Natural History of Pompeii*, hg. von Wilhelmina Jashemski und Frederick Meyer, 37–64, Cambridge, 2002.

Sigurdsson, Haraldur, Cashdollar, Stanford und Sparks, Stephen, „The Eruption of Vesuvius in A.D. 79: Reconstruction from Historical and Volcanological Evidence," *AJA* 86 (1982): 39–51.

Sirano, Francesco, „Recenti studi e ricerche sull' antica Ercolano: un aggiornamento nella prospettiva del nuovo Parco Archeologico," *CErc* 50 (2020): 311–336.

Spengel, Leonhard, „Die Herculanensischen Rollen," *Philologus suppl. II* (1863): 493–548.

Stabile, Sara/ Palermo, Francesca/ Bukreeva, Inna/ Mele, Daniel/ Formoso, Vincenzo/ Bartolino, Roberto/ Cedola, Alessia, „A computational platform for the virtual unfolding of Herculaneum Papyri," *Scientific Reports* 11 (1) 1695, 2021.

Tack, Pieter/ Cotte, Marine / Bauters, Stephen/ Brun, Emmanuel/ Banerjee, Dipanjan/ Bras, Wim/ Ferrero/ Daniel Delattre, Claudio/ Mocella, Vito/ Vincze, Laszlo, „Tracking Ink Composition on Herculaneum Papyrus Scrolls: Quantification and speciation of lead by X-ray based techniques and Monte Carlo simulations," *Scientific Reports* 6, 2016.

Tarán, Leonardo, *Speusippus of Athens. A critical study with a collection of the related texts and commentary*, Leiden, 1981.

Tournié, Aurelie/ Fleischer, Kilian/ Bukreeva, Inna/ Palermo, Francesca/ Perino, Michela/ Cedola, Adele/ Andraud, Christine/ Ranocchia, Graziano, „Ancient Greek text concealed on the back of unrolled papyrus revealed through shortwave-infrared hyperspectral imaging," *Science Advances* 5/10 (2019), https://advances.sciencemag.org/content/5/10/eaav8936.

Travaglione, Agnese, „Incisori e curatori della Collectio Altera. Il contributo delle prove di stampa alla storia dei Papiri Ercolanesi," in *Contributi alla Storia della Officina dei Papiri Ercolanesi 3*, hg. von Mario Capasso, 87–156, Neapel, 2003.

Travaglione, Agnese, „Verkohlte Papyrus-Rollen. Die antike Bibliothek der Villa dei Papiri und ihre Entzifferung," in *Verschüttet vom Vesuv. Die letzten Stunden von Herculaneum*, hg. von Josef Mühlenbrock und Dieter Richter, 11–122, Mainz, 2006.

Travaglione, Agnese, *Catalogo descrittivo dei papiri Ercolanesi*, Neapel, 2008.

Tsouna, Voula, *Philodemus, On property management*, Atlanta, 2012.

Usener, Hermann, *Glossarium Epicureum*, hg. von Marcello Gigante und Walter Schmid, Rom, 1977.

Vásquez-Gestal, Pablo, „Printing Antiquities: Herculaneum and the Cultural Politics of the Two Sicilies (1738–59)," in *Buried by Vesuvius. The Villa dei Papiri at Herculaneum*, hg. von Kenneth Lapatin, 37–46, Los Angeles, 2019.

Vassallo, Christian, *The Presocratics at Herculaneum: A Study of Early Greek Philosophy in the Epicurean Tradition* (= Studia Praesocratica, 11), Berlin, 2021.

Vergara, Claudio, „I papiri dell' opera *De Providentia* di Filodemo," *CErc* 50 (2020): 91–99.

Vooys, Cornelis, *Lexicon Philodemeum, Pars Prior*, Purmerend, 1934.

Vooys, Cornelis, *Lexicon Philodemeum. Pars Altera* (mit D.A. van Krevelen), Amsterdam, 1941.

Waldstein, Charles und Shoobridge, Leonhard, *Herculaneum: Past, Present, Future*, London, 1908.

Wilamowitz-Moellendorff, Ulrich von, *Antigonos von Karystos*, Berlin, 1881.

Wilamowitz-Moellendorff, Ulrich von, „Lesefrüchte," *Hermes* 45 (1910): 387–417.

Winckelmann, Johann, *Sendschreiben von den Herculanischen Entdeckungen: an den Hochgebohrnen Herrn, Herrn Heinrich Reichsgrafen von Brühl*, Dresden, 1762.

Zarmakoupi, Mantha (Hg.), *The Villa of the Papyri at Herculaneum*, Berlin, 2010.

www.ingramcontent.com/pod-product-compliance
Lightning Source LLC
Chambersburg PA
CBHW070832300426
44111CB00014B/2531